CLÁUDIO ROGÉRIO

Namoro|sim
bagunça não

EDITORA
SANTUÁRIO

Coordenação Editorial: Elizabeth dos Santos Reis
Revisão: Ana Lúcia de Castro Leite
Capa e Projeto Gráfico: Marco Antônio Santos Reis
Diagramação: Alex Luis Siqueira Santos

Dados Internacionais de Catalogação na Publicação (CIP)
(Câmara Brasileira do Livro, SP, Brasil)

Rogério, Cláudio
  Namoro sim, bagunça não / Cláudio Rogério. — Aparecida, SP : Editora Santuário, 2003.

  ISBN 85-7200-866-7

  1. Afeto (Psicologia) 2. Amor 3. Castidade 4. Namoro (Costumes sociais) - Aspectos religiosos - Cristianismo 5. Santidade 6. Sexo I. Título.

03-5462 CDD-248.83

Índices para catálogo sistemático:

1. Namoro : Adolescentes : Aspectos religiosos :
Cristianismo 248.83

12ª impressão

Todos os direitos reservados à **EDITORA SANTUÁRIO** – 2021

Rua Pe. Claro Monteiro, 342 – 12570-000 – Aparecida-SP
Tel.: 12 3104-2000 – Televendas: 0800 0 16 00 04
www.editorasantuario.com.br
vendas@editorasantuario.com.br

*Dedico este livro
a todo jovem que busca ser feliz
ao lado da pessoa que ama
e faz do namoro uma experiência de Amor,
tendo Deus por companhia.*

Agradecimentos

Agradeço a Deus ter sido ele a causa de tudo isso, a Maria por me ensinar em seu silêncio, a José por me mostrar a beleza da santidade e da castidade. Agradeço também a meus pais, Matias e Laura, o dom da Vida; a minhas irmãs, Ana Flávia, Ana Paula e Yane, o carinho. A minha amiga Carolina Essênia, o muito que me ensinou; a meus tios, Maurício e Irene (padrinhos do coração).

Ao Grupo de Louvor Elevar, e a todos os que dele fazem parte (ternos amigos).

À Equipe do FIJ (Irmãos em Cristo).

Ao amigo Joaquim Regis (Quim), o tempo gasto lendo meus rascunhos.

Ao Vicente Vieira, amigo e grande artista de Deus (Valeu!).

A minhas mães intercessoras, Laura, Zélia, Socorro, e a todas as mães e pais, que me adotaram como filho.

A meus amigos e amigas que acreditaram em meu trabalho; de tantos, achei melhor não mencionar nomes por medo de esquecer algum, mas os tenho todos no coração. OBRIGADO!

"Fazei valer vossos argumentos" (Isaías 45,21a)

Senhor aí estão!

Sumário

APRESENTAÇÃO..7

1. CONHECENDO MINHA SEXUALIDADE 11

2. ANTES DO NAMORO? 13

3. MITOS QUE CARREGAMOS 24

4. O BICHO PAPÃO DO MEDO NO NAMORO.............29

5. 1ª, 2ª, 3ª, 4ª, 5ª... INTENÇÕES..........................33

6. NAMORO CRISTÃO...37

7. ARRUMANDO AS BAGUNÇAS............................46

8. CASTIDADE. O QUE É ISSO? 121

9. O SOFRIMENTO NO NAMORO..........................145

10. FRUTOS DE NOSSAS MÃOS............................150

11. RESTAURANDO OS SENTIMENTOS.....................156

CONSIDERAÇÕES FINAIS....................................163

BIBLIOGRAFIA 167

Apresentação

"O Deus da paz vos conceda Santidade Perfeita. Que todo o vosso ser, espírito, alma e corpo, sejam conservados irrepreensíveis para a vinda de nosso Senhor Jesus Cristo!" (1Ts 5,23).

Essa Palavra inspirada por Deus a São Paulo Apóstolo impulsiona todo o nosso ser a crescer em graça e santidade, e assim a nos consagrarmos integralmente aos olhos de Deus. E vem ao encontro da necessidade gritante da Juventude que se encontra numa profunda "bagunça" emocional, sentimental, sexual e social, por fim, comprometendo ou até mesmo extinguindo o espiritual.

Precisamos crescer num todo, por completo, não apenas em partes ou em algumas áreas de nossa vida; e na maioria das vezes ignoramos áreas que não conseguimos entender claramente ou mesmo lidar com elas, e sofremos com isso, nos angustiamos e, como diz a Palavra: "Meu povo padece por falta de conhecimento" (Os 4-6).

Trabalhando com formação em retiros, seminários, encontros, pude constatar a grande carência e confusão de informações em relação à sexualidade e à afetividade no namoro na vida do jovem católico, seja na RCC ou em outros movimentos na Igreja. Quando falo informações, refiro-me a informações corretas, na verdade, adequadas à realidade da Igreja e especificamente à RCC, que são os jovens que mais tenho assistido. Graças a Deus, a Igreja tem despertado para essa necessidade com contribuições de padres como: Pe. Alírio Pedrini, Pe. Zezinho, Pe. Jonas, da Canção Nova, entre outros, não só padres, nesse assunto que para o jovem é extremamente necessário.

Sabemos que orientações e explicações não faltam em relação a sexualidade/afetividade, principalmente sobre sexo. Falam na escola, na TV, no rádio, nas ruas, por onde quer que se ande, vê-se algo referente às DSTs (Doenças Sexualmente Transmissíveis), AIDS, camisinha e outros; em nível de afetividade, temos os folhetins diários: as novelas, que passam uma afetividade distorcida, cruel, desumana, fantasiosa, longe da realidade.

Vejo que os modelos educacionais relacionados com educação sexual, com o intuito de orientar, confundem mais do que esclarecem, isto individualmente, imaginem quando se leva para o namoro! O ideal seria que educação sexual fosse aprendida em casa, naturalmente, como se aprende a falar, andar, comer,... como algo que faz parte da vida, mas o que se vê é a existência de "zonas de silêncio", em tudo que se refere a sexo. A família não comenta, não fala, evita o assunto. Pais que fogem desse assunto, porque causa desconforto e vergonha, na verdade mesmo estão mais perdidos do que os próprios filhos, em se tratando de sexo e afetividade.

Com isso o jovem, querendo esclarecer suas dúvidas e curiosidades, acaba encontrando respostas deturpadas, aprendidas nas rodas de amigos, em revistas ou artigos pornográficos e outros; respostas que não condizem nada com uma sexualidade sadia e santa. E, afetivamente, os jovens projetam em seus namoros: frustrações, carências, medos e todas as deficiências de uma afetividade mal vivida na família ou experimentada inadequadamente.

1. O jovem entra em crise por não saber lidar com sua sexualidade e espiritualidade, achando que não tem jeito, que é muito difícil as duas coisas andarem juntas; essa coisa

de namoro santo é impossível de viver; a carne é fraca...; e, com certeza, em função de seus conceitos errôneos sobre o assunto, opta por desistir de caminhar, dizendo não ao plano de salvação e de amor de Jesus.

"Ouvindo essas palavras, o jovem foi embora muito triste, porque possuía muitos bens" (Mt 19,22).

2. Os jovens suprimem sua sexualidade, não a valorizam, esquecem-se que são homens e mulheres, poderíamos dizer, tornam-se assexuados, viram anjos... Não percebendo que a sexualidade é bela e nos é dada por Deus.

"E, sendo exteriormente reconhecido como homem, humilhou-se ainda mais, tornando-se obediente até a morte e morte de cruz" (Fl 2,8).

"Jesus foi 100% homem, menos no pecado, não negou a essência humana mesmo sendo Deus."

Com isso, ignoramos o namoro, que poderia ser um meio de crescimento e cura de feridas e até mesmo uma vocação para testemunhar Jesus.

3. Os jovens vivem uma postura de duplicidade em seu comportamento: estão na igreja prestando serviços, cantando na missa, nos grupos de orações, rezando para os irmãos, pregando a Palavra de Deus, testemunhando... Mas na verdade vivem uma vida no pecado, em que o sexual está em profunda desordem, o namoro longe de ser casto e santo, fazendo de sua vida uma incoerência, levando em banho-maria, empurrando com a barriga a ideia de ser santo.

"A exemplo da santidade daquele que vos chamou, sede também vós santos em todas as vossas ações, pois está escrito: Sede santos, porque eu sou Santo" (1Pd 1,15-16).

Este livro emerge como um convite ao jovem a deixar-se consumir por Deus, a lavar nesse manancial de amor e misericórdia do Pai as vestes que estão manchadas de pecado, ferindo o coração de Jesus pelo descuido do Templo (corpo) Santo que somos.

A sexualidade precisa de mais cuidados e atenção, e a afetividade no namoro necessita ser organizada, iluminada pela Luz de Cristo, dissipando todas as sombras de pecado, desinformação, medo, incompreensão, "Um banho de Luz".

A obra não é especificamente de cunho científico, mas de experiências empíricas, vividas e trocadas em anos de trabalho de formação com os jovens, construindo assim nossas teorias juntamente com a sabedoria de Deus e nos adequando a teorias e postulados já existentes numa ótica cristã, e também não tem a intenção de ser um livro de "receitas" mas, sim, uma ajuda oportuna ao jovem que se encontra confuso; quando digo jovem refiro-me a todas as pessoas que se sintam jovens, mas, pelo Estatuto da Criança e do Adolescente, seriam as pessoas a partir de 12 anos até aproximadamente os 20 anos, mas não vejam o 20 como limite de juventude, sabemos que ela não para por aí. A proposta desse livro é falar sobre temas e assuntos que norteiam a cabeça da moçada, numa linguagem jovem, franca, direta e clara, sem rodeios e, como sugere o título: Namoro Sim. Bagunça Não!, iremos andar pelos corredores das áreas: Espiritual, Emocional, Fisiológica e Social do namoro, desvendando mitos, descobrindo verdades, abrindo portas trancadas pelo medo do pecado... E especialmente com sua ajuda e com a ajuda de Deus, é claro, tentar arrumar a bagunça, permitindo que, durante toda a leitura, o Senhor vá tocando, transformando, curando e renovando todo o seu ser e por consequência seu namoro, por intercessão de Maria e de São José!

Conhecendo minha sexualidade

"Deus criou o homem à sua imagem; criou-o à imagem de Deus, criou o homem e a mulher. Deus os abençoou: Frutificai, disse ele, e multiplicai-vos, enchei a terra e submetei-a" (Gn 1,27-28).

Jovem, entenda que você é imagem e semelhança de Deus, não é qualquer coisa; talvez você ou o mundo digam que não é, mas compreenda que você fez e faz parte do sonho do Amor de Deus, você já estava na intimidade e no coração do Pai, pensado, sonhado, desejado...

E quando Ele o formou, deu-lhe toda uma sexualidade, atração, genitalidade e todas as características humanas, e confiou aos homens e mulheres a graça da procriação, ou seja, o todo masculino e o todo feminino se unirem e gerarem vidas. Ele podia muito bem encher um caminhão de gente e despejar sobre a Terra num passe de mágica, instantaneamente, sem precisar de ajuda alguma, mas quis precisar de nós. Entende o quanto isso é importante?

Para que tudo acontecesse, Deus criou a sexualidade. Talvez você possa confundir com genitalidade ou mesmo não entender o que seja. Genitalidade são os órgãos sexuais: pênis (masculino), vagina (feminino).

E sexualidade, é só "sexo"? Não necessariamente só sexo; faz parte, mas não se limita e se restringe aí. Sexualidade poderia ser entendida e classificada assim:

1. Sexualidade masculina

O universo do todo masculino, no biológico, é influenciado pelo hormônio chamado testosterona, que age na puberdade (adolescência) alterando a voz, a musculatura, os cabelos, tudo que envolve o físico, inclusive sua genitália, o pênis, agindo em parte do sistema límbico, que está ligado com o emocional e o psicológico, formados durante toda a vida conforme foi mostrado, agindo assim na maneira de pensar, agir, sentir, compreender...

2. Sexualidade feminina

O universo do todo feminino em relação ao biológico, como acontece com os meninos, dá-se na puberdade (adolescência), pela ação do hormônio estrógeno, transformando toda a menina; vem a menstruação, que modifica o corpo, dando-lhe curvas; amadurece e prepara o aparelho reprodutor, a voz, os cabelos, as mamas, agindo também em parte do sistema límbico (emocional). O psicológico, como no caso do menino, reflete no comportamento, no pensamento, no sentimento e em tudo que a envolve.

De que adiantaria tudo isso se o masculino e o feminino não se aproximassem? Ficassem separados, vivendo em seus mundos isoladamente, sem se unirem? De nada valeria! E Deus, vendo que era preciso que esses dois universos, com todas as suas qualidades e características próprias, se juntassem, para que houvesse a procriação, a multiplicação da espécie humana, no matrimônio, e por consequência a família, cria a "atração" sobre a qual falarei a seguir.

Antes do namoro?

1. Atração fatal

Em sua infinita sabedoria, Deus usa um recurso para aproximar o todo masculino e o todo feminino, para que juntos se unam e se completem. Um sentindo-se impulsionado pelo outro, uma sensação irresistível de aproximação, um desejo inexplicável de estar juntos, de tocar, sentir, trocar e partilhar sentimentos, emoções, afetos, carinhos e, por fim, na intimidade, na convivência, unirem-se sexualmente gerando vida.

Por exemplo: Uma turma de rapazes está reunida num determinado lugar conversando um assunto qualquer, futebol, por exemplo. De repente surge do nada, e não se sabe de onde, uma moça linda, translumbrante, como dizem os jovens "gostosa", "filé", perfeita, aquela de parar o trânsito.

E todos, como num transe coletivo, param e ficam a olhar a garota que passa...

"Olha, que coisa mais linda, mais cheia de graça, é essa menina, que vem e que passa, num doce balanço a caminho do mar..." (Tom Jobim/Vinícius de Morais - Garota de Ipanema).

Diante desse impacto, na roda de amigos, você se empolga e se desespera; percebe que ela é a garota de sua vida, o coração dispara, as pernas tremem, a respiração fica ofegante; você não resiste, mexe, assobia e vai atrás, para poder conhecê-la, pegar se possível seu telefone... Ah! o resto você sabe, já passou por isso, lembra-se?

Você é um tarado descontrolado? O que é isso?

Não. É nada mais nada menos do que "atração", algo inserido, colocado no coração do homem por Deus, para que houvesse a aproximação, a união e, consequentemente, a união sexual para a procriação.

Mas é preciso ser colocada em ordem, sob o domínio da vontade, sem exageros, com tranquilidade, sem escândalos. O exemplo dado de forma ilustrativa é típico da "Atração primária", em que se restringe no primeiro momento só em nível visual e físico; isso se traduz no fato de os rapazes fixarem o olhar a princípio nas pernas, no bumbum, no rosto..., a parte anatômica. Essa realidade também não está longe do universo das meninas, elas também se comportam dessa forma, só que são mais discretas, salvo exceções: *"Mal passara por eles, encontrei aquele que meu coração ama. Segurei-o e não o largarei antes que o tenha introduzido na casa de minha mãe"* (Ct 3,4).

A mútua atração precisa caminhar para a maturidade, saindo do externo que se vê para o interno que não se enxerga, talvez seja até mais belo, sentindo-se atraídos pela pessoa por inteiro por dentro e por fora, olhando todo o conjunto que a compõe.

2. Qual é meu chamado?

É nítido perceber que em determinado momento desperte em nós a necessidade de relacionar-nos com o sexo oposto num grau mais profundo, além da amizade; refiro-me ao namoro. É fácil de entender mas difícil de explicar: uma sensação que carregamos, sabemos que somos inteiros mas nos sentimos metade. E procuramos no outro a metade que nos complementa.

Para nós que caminhamos numa vida de oração, após ter experimentado Jesus, o amor de Deus em nossos corações, a doçura de Maria, fica certa inquietação e dúvida:

qual é minha vocação? Meu chamado? A cabeça enche-se de perguntas. E como esquenta!

"Vou ser padre? Freira?"

"Caso e tenho filhos ou compro uma bicicleta?"

"Namoro ou amizade?"

Você, que se questiona nesse aspecto, tenha claro e entenda: o homem tem dois chamados, o sacerdócio ou o matrimônio, nenhum dos dois é melhor que o outro, mas têm valores distintos. É preciso discernir entre um e outro; na dúvida, pense direito para não fazer bobagem e escolher errado.

Nota-se que o que mais ocorre são escolhas erradas, que implicam na felicidade de quem escolhe ou das pessoas envolvidas na decisão errada.

A exemplo disso, quem nunca viu mães que jogam sua criança na lata de lixo, abandonam-na à porta de qualquer um ou mesmo fazem abortos? Pais que deixam a família por "ene" motivos, batem nas mulheres e nas crianças, sem justificativas, e tantas outras crueldades?

Se fôssemos avaliar seriamente, essas pessoas nunca deveriam ser mães e pais!

Não são chamados!

Por outro lado, padres que depois de anos deixam a batina, para se casarem. Com certeza, poderiam ter evitado, mas também não souberam discernir sua vocação.

"Que fazer? Desesperar, pois está demorando demais?"

"Não posso ficar esperando, senão fico velho(a)."

Não se desespere! Lembre-se: é sua vida que está em jogo!

O que mais os jovens fazem é pedir para as pessoas orarem para ver se Deus fala alguma coisa, fazem novena de Sto. Antônio, promessas... E nada!

E o silêncio o deixa louco! Não é? Talvez seja isso que Deus queira, não dizer nada, pois dizendo você estragaria tudo.

Não passe "o carro na frente dos bois", a melhor coisa a fazer é descansar em Deus, deixar que o tempo lhe vá preparando, amadurecendo, moldando para uma vida consagrada ou conjugal: "o apressado come cru"; sofra as demoras de Deus, não se apresse, aprenda: *Deus não tem pressa, tem amor!*

Tenho aprendido que, se as coisas não acontecem logo em nossas vidas, é porque não estamos preparados para que elas aconteçam. Cremos até que estamos prontos, mas um sinal de que não é observar nossa impaciência e ansiedade em esperar.

3. Descansando em Deus

"O Senhor Deus disse: Não é bom que o homem esteja só, vou dar-lhe uma ajuda que lhe seja adequada." (...) "Então o Senhor Deus mandou ao homem um profundo sono; enquanto ele dormia, tomou-lhe uma costela e fechou com carne seu lugar. E da costela que tinha tomado do homem, o Senhor Deus fez uma mulher e a levou para junto do homem" (Gn 2,18.21-22).

Caro irmão(a), Deus conhece nossas necessidades, sabe que não é bom para nós estarmos sozinhos, você que tem a clareza de que sua vocação não é o sacerdócio e tampouco ser um eunuco consagrado (beato), mas sim o matrimônio, tranquilize-se, não se encha de preocupações, que só causam, na verdade, aflição e angústia em relação a sua afetividade.

O melhor a fazer, como diz e determina o próprio Deus a Adão em sua palavra é "Descansar Nele". Mas que seria isso? É apresentar e entregar sem reservas essa área ao Senhor, fazendo como Adão, na forma simbólica "entrar em profundo sono", não significando isso fuga da realidade, alienação, recalque... Não! Na verdade esse "sono" representa despreocupação, tranquilidade, serenidade, quietude, tudo aquilo que um bom sono proporciona, pois sabemos que tudo concorre para o bem daqueles que buscam e amam a Deus, e não seria diferente nessa área, estando ela nas mãos de Deus.

Durante esse "sono", tente direcionar a atenção para outras coisas que estão a sua volta: família, amigos, Igreja, trabalho, faculdade... Exercite todo o potencial de amor que há em você na família, com os pais, com os irmãos, criando um clima de harmonia, caminhando assim para o aprendizado do amor oblativo (maduro), que mais tarde será de muita ajuda no relacionamento no namoro. Com os amigos, crie relações mais profundas, junte a galera, vá ao cinema, ao clube, a festas... Exercendo também o amor-doação para com o próximo, crescendo na troca de experiências e partilhas.

Na Igreja, procure estar a serviço dos irmãos, ajudando, amando, rezando, e busque nos sacramentos, em especial na Eucaristia (Corpo e Sangue de Jesus), que é sem dúvida fonte de amor, misericórdia, santidade que jorra sem medida para aqueles que dela se alimentam, maior intimidade e sintonia com Jesus. Saiba que, enquanto Adão dormia, o Senhor preparava Eva. Esse processo de "descansar em Deus" não é de graça, mas é para que a graça aconteça em você; nesse momento, Deus quer curar em você feridas, traumas, decepções, desafetos, mágoas de afetividade e de sexualidade, em relacionamentos anteriores, preparando-o para um Adão ou uma Eva, ou melhor, um José ou Maria, dará a você uma ajuda que lhe seja adequada, alguém especial, pois Deus quer o melhor para seus filhos e filhas.

Talvez demore ou não, depende do processo de cada um, não existe um tempo determinado; lembre-se, o tempo é de Deus e não seu.

Atenção! Fique atento aos sinais de Deus, para que você não durma demais. Tem gente que até baba! Não espere cair do céu de para-quedas um namorado(a) nem que ele apareça num cavalo branco; acorde, você ainda está dormindo, Deus fará a parte dele, mas quer você atento para fazer a sua.

Quantos jovens reclamam da vida, murmurando que há muito tempo estão sós, não conseguem namorar, não aparece ninguém...

Eu lhe pergunto: Você já olhou para os lados? Às vezes, está muito mais próximo do que possamos imaginar, olhamos para o céu para ver se cai um de lá, e na verdade ele está ao lado. No grupo de oração, no trabalho, na faculdade... Esteja sensível à ação de Deus em sua vida, na oração, na Palavra, Ele estará falando; se for difícil escutar, busque uma pessoa madura na fé, para orientar, quem está de fora da situação consegue enxergá-la mais facilmente.

Fique também preparado para alguns aborrecimentos. Lembro-me quando comecei a caminhar com Jesus, logo que fiz SVES (Seminário de Vida no Espírito Santo), fiquei um bom tempo sem namorar, "descansando em Deus", e, como eu era namorador, a família começou a se preocupar: "Ai meu Deus! Meu filho vai virar padre!"

"Será que está doente?"

E dos amigos críticas:

"O Claudinho ficou doido".

"Ficou fanático, nem namorando está mais."

"Lá vem o padreco!"

Não se preocupe, faz parte da vida de quem busca ser o oposto aos padrões vividos pelo mundo, mas, como diz Jesus: "Sereis caluniados e perseguidos por causa de meu nome", a cruz para o mundo é loucura, não seria diferente esse propósito de vida de "descansar em Deus", antes de namorarmos, e já não é hora de errar, quebrar muito a cabeça; fizemos muitas besteiras, não queremos mais isso para nós, não é? Então, coragem!

4. Quem devo namorar?

Essa pergunta sem dúvida não é tão fácil de ser respondida, pois há inúmeros fatores que implicam na resposta. Se existisse um catálogo com um punhado de pessoas que pudéssemos namorar, que fossem conforme nosso gosto e preferência, que respondessem às nossas necessidades... porque quando fazemos essa pergunta esperamos uma resposta para namorar uma pessoa que seja bonita fisicamente, que seja inteligente, que tenha de preferência dinheiro, que vista boas roupas, esteja disponível para satisfazer todos os nossos desejos e pedidos, que goste das mesmas coisas que gostamos... Na Internet há muito disso, mas é de cunho duvidoso entre um mouse e outro. Talvez seja um mito de que falarei posteriormente.

Muitos dizem que os opostos se atraem, que um completa o que está faltando no outro, dá equilíbrio na relação... Será sempre assim? Outros defendem que não, que os namorados têm de ser iguais, com os mesmos gostos, preferências, só assim dará certo... Pergunto novamente, será? E eu mesmo respondo: Não se preocupem com isso: oposto ou igual, devemos namorar a pessoa que nos faça felizes!

Talvez ela seja totalmente diferente ou tenhamos as mesmas preferências, mas o importante na relação é ter amor, o resto se aprende e se adquire com o tempo. E é preciso levar em consideração também que quem decidirá quem iremos namorar será na maioria das vezes nosso coração. Se perguntarmos aos pais, com certeza eles darão uma lista com inúmeros itens do que pode e não pode haver na pessoa que iremos namorar. Estão errados?

Não! Mas creio que é uma decisão madura que temos de ter, e escolher o melhor possível.

Não quero fazer o papel de seus pais e passar uma lista do que deve ou não ter a pessoa para você namorar nem é minha intenção, pois quem irá namorar será você e não eu. Quero apenas orientar as consequências na escolha.

Com isso quero me atentar às relações que possam vir a se estabelecer quando há as diferenças, ou seja, quando os opostos se atraem, pois na relação que se estabelece com o casal com as mesmas preferências, gostos, não surgem tantos conflitos quanto nos opostos.

Mencionararei alguns aspectos que acho relevantes, principalmente por serem casos que chegam a mim:

a) Quando a fé existe só de um lado? Que fazer?

Quando uma das partes não tenha tido uma experiência concreta com Deus, nessa situação teremos de estar dispostos a bater de frente com uma pessoa que desacredita ou que não teve a oportunidade de se encontrar com Ele, com isso a relação ficará "manca", principalmente porque a proposta nova que se quer estabelecer é um namoro cristão, e isso só acontece quando as duas partes se dispõem a colocar Jesus no centro do namoro.

Quando se estabelece essa relação, o provável seria a dificuldade de se estabelecer critérios de castidade, santidade, assuntos a respeito de relações sexuais antes do casamento, vida de oração... acontecendo e gerando conflitos de valores, de conceitos, entre outros, fazendo com que a relação entre em choque, ocasionando uma crise e, por decorrência, a ruptura.

Mas se já está numa relação como essa? Você terá duas alternativas:

1) Tentar Evangelizar. Como? Mostrando Jesus, levando seu namorado(a) a uma experiência de amor com Deus, recuperando seu namoro, que parecia quase perdido. Se a pessoa não se abrir e continuar inflexível, seria melhor você avaliar a situação. Conheço o caso de uma jovem que sempre se envolvia com rapazes que não praticavam a fé; o namoro começava até bem, mas, com o passar do tempo, o rapaz exigia que ela mantivesse relações sexuais com ele, e ela por sua vez negava, pois havia optado pela castidade e santidade; a própria situação descartava o namoro. Algumas vezes ela tentava evangelizar e, quando o rapaz não se abria para conhecer a Deus, já sabia que sua intenção era conhecê-la sexualmente; então, ela terminava a relação. Isso muitas vezes serviu para ela como identificador de "Dom Juan", aquele que não quer nada de sério, apenas se aproveitar sexualmente das namoradas.

2) Assumir as consequências que irão surgir, sem depositar a culpa em ninguém, mas em si mesmo(a), que optou por essa situação.

b) De preferência uma pessoa solteira

"Não cobiçaras a mulher (homem) de teu próximo" (Dt 5,21).

Não virou festa! Para ficar namorando uma, duas, três pessoas ao mesmo tempo, muito menos alguém que seja casado(a) ou que já tenha um vínculo de namoro. A Palavra é clara: "Não cobiçarás a mulher ou homem do próximo". Se ele tem alguém é porque já não pertence a nós. Conheço e, pasmem, não só fora da Igreja, mulheres e homens que se colocam na posição e no lugar do(a) "outro(a)"!

Quando digo "outro(a)" quero dizer amante, e acham isso super-normal, e arrumam argumentações racionais para justificar o erro:

"Ah! Ele me ama, só não tem coragem de terminar com a esposa" (moça, de 20 anos).

"Ah! Eu sei que é errado, mas eu o amo" (moça, de 17 anos).

"Ah! Eu não tenho nada a perder, sou homem mesmo!" (rapaz, de 19 anos).

"Ah! Eu preciso ser feliz!" (rapaz, de 23 anos).

Analisando esses quatro casos:

1. Se realmente ele amasse essa moça, com certeza ele teria terminado com a esposa. O que vemos normalmente é uma situação cômoda para ele: ter duas ao mesmo tempo. Uma que lava as cuecas, passa as roupas, faz comida (a doméstica), e a outra, a que o serve na cama...

2. A segunda justificativa não convence, pois o amor não busca seu próprio interesse.

3. A terceira é até engraçada, talvez seria diferente se esse rapaz se colocasse na posição e no lugar do marido traído, aí sim perderia a dignidade e o respeito.

4. Essa é muito comum, ser feliz às custas da infelicidade dos outros, negligenciando as pessoas que estão envolvidas. Será isso justo?

Lembro-me de uma moça que sempre partilhava comigo sua vida sentimental, principalmente sua condição de ser a "outra". Entre lágrimas, falava-me que não se sentia feliz por estar numa relação pela metade; o rapaz casado dizia que iria se separar da esposa (e essa situação já durava mais de 3 anos), e o que mais me intrigava era essa moça não romper com a relação; eu apenas dizia-lhe e a levava a refletir: "Quais as reais chances que ela teria?" Nem ela mesma sabia. Ela só recebia dele o que sobrava: tempo para estarem juntos, momentos de diversão... pois a maior parte de seu tempo estaria destinada aos filhos e à esposa. Nunca poderiam sair livremente, pois teriam sempre a preocupação de que alguém estaria vendo, ou seja, socialmente jamais poderiam assumir o romance, e nem podia. E disso ela sabia.

O que tinha em mãos? Nada. Apenas algumas horas de alegria, acompanhadas de muitas horas de ausência.

Mesmo diante de muitas conversas francas que tínhamos, nada surtia efeito, cheguei a achar que sua relação era meio sadomasoquista; poderíamos até dizer que ela era uma pseudomasoquista.

Pude perceber que durante o tempo em que ela se queixava, seu discurso mostrava uma autoestima em baixa, um não se amar evidente, que justificava seu comportamento, achava-se incapaz de encontrar alguém que pudesse amá-la, não acreditava em si mesma, e não se dava a chance de ser feliz. Foi somente depois de uma intervenção da Misericórdia Divina que ela pôde desprender-se daquela relação que tinha por destino o fracasso. Pude aprender que, quando namoramos alguém que já tenha compromisso com uma outra pessoa, na forma de namoro ou já num matrimônio, essa é uma relação em que amor não existe, pode existir sim carência, dependência de todas as formas, sexo gratuito... Mas amor, não!

c) Alguém que ame mais a Deus que a nós

O que vi e experimentei é que precisamos namorar pessoas que amem mais a Deus que a nós, pois se porventura houver uma ruptura na relação, ninguém morra por isso, martirizando-se, sofrendo, lamentando, mas dê a volta por cima, sabendo que "dias melhores virão", fortalecendo-se em Deus, não se deixando abater.

Já perceberam quando namoramos, não amando a Deus mais que todas as coisas? No momento do término do namoro ficam feridas, ressentimentos, mágoas, tristezas, desespero; é como se não conseguíssemos superar a perda, a separação... depois, não damos conta nem de olhar para a pessoa, ficamos tomados de ódio, raiva e nosso coração machucado se fecha para ela.

Quando amamos a Deus acima de todas as coisas, também isso se estende ao próximo, e se o próximo deixar de nos amar, saberemos que Deus continua nos amando, o que nos consola e nos dá força e ânimo. Essa seria talvez a grande chave para que no caso de rompimento encontremos consolo e não soframos nem levemos o outro a sofrer, pois o Amor de Deus nos ensina a resistir a frustrações e decepções.

"Ouve, ó Israel! O Senhor, nosso Deus, é o Único Senhor. Amarás o Senhor, teu Deus, de todo o teu coração, de toda a tua alma e de todas as suas forças" (Dt 6,4-5).

Mitos que carregamos

3

Temos ideias pré-concebidas erradas sobre o que esperamos de quem iremos namorar, idealizamos o(a) namorado(a), colocamos essa pessoa num pedestal, que não condiz com a realidade. Criamos, sonhamos com o mito e nos frustramos quando a verdade nos mostra o contrário.

Frequentemente escuto em retiros de formação e em encontros, logo após falar sobre sexualidade e afetividade, jovens partilhando suas decepções, mágoas, ressentimentos e queixas de relacionamentos desfeitos, num clima desagradável, principalmente por serem ainda jovens de caminhada na igreja e estarem vivendo esses problemas.

Vendo essa brecha na afetividade cristã jovem, achei conveniente desmistificar alguns mitos.

1. O Príncipe Encantado, a Cinderela ou a Bela Adormecida

Muitos jovens, moças e rapazes, idealizam romanticamente e ficam à espera da figura mágica do Príncipe Encantado ou da Cinderela ou Bela Adormecida. O coração sonha, viaja, numa verdadeira utopia inacessível, não palpável, que fica apenas na fantasia de quem idealiza.

As moças aguardam ansiosas a aparição do Príncipe em seu cavalo branco chegando, pegando-a pela mão e juntos vivendo felizes para sempre...

Os rapazes, desejosos de encontrar uma Cinderela ou a Bela Adormecida, para colocar-lhe o sapato de cristal ou para despertá-la de seu sono, para viverem em seu mundo, servindo-o e amando-o.

Que lindo, não é?

Por trabalhar mais com jovens da RCC, fui descobrindo que esse mito ainda tem sinais no meio da galera. Não classificaria isso como alienação, mas como herança de um romantismo inocente do passado que nos dias de hoje ainda sobrevive.

Não que ser romântico seja ruim, mas antes de tudo é preciso ter os pés no chão. Para entender melhor, seria assim: A moça, por ter-se decepcionado com rapazes do mundão, e por saber que todos têm segundas intenções com ela, quando entra para a Igreja almeja esse mito, e vê o rapaz na frente pregando, cantando, falando palavras bonitas... Consequentemente, transfere para ele todo o sonho de que ele venha a ser o Príncipe tão sonhado, e só mais tarde saberá que namora na verdade um "sapo". Esquece ela que o rapaz, como qualquer outro, tem defeitos, imperfeições, pecados, até porque se não os tivesse não precisaria de Jesus. Eles são feitos de carne e osso e a única diferença é sua busca de santidade e do desejo de mudança e transformação no poder do Espírito Santo. É claro que isso é uma vantagem em relação aos que não conhecem o Senhor (não menosprezando os outros), mas não o isenta de errar e pecar.

E os rapazes esperam da Cinderela o mesmo que as meninas esperam do Príncipe, caindo na mesma frustração de a Cinderela ser na verdade uma "Gata Borralheira".

É preciso acabar com esse mito em nossos corações. É obvio que Deus tem reservado para nós uma pessoa santa, mas ela não virá pronta, mesmo porque se viesse não haveria crescimento no namoro, este já estaria perfeito, e não é isso que Ele quer, nem é o ideal. Não pense também que sempre será um "mar-de-rosas", como num conto de fadas; no namoro haverá problemas, usando as palavras de Santa Teresinha: "Se quiseres abraçar as rosas, abraça também os espinhos".

2. Alma gêmea

Passamos a vida inteira buscando alguém que nos faça feliz, que esteja 100% fazendo nossas vontades e desejos, como dizem alguns: "Minha alma gêmea".

Nessa história de encontrar a "Alma gêmea" aparece um entra-e-sai de relacionamentos, inicia-se um hoje e termina-se amanhã, numa inconstância incontrolável, fruto de um mito inerente em nós, acumulando no coração feridas de desamor. Se no namoro não há o esperado, inicia-se um processo de exigência de que a pessoa ame, ame, ame... Que supra todas as necessidades de carência, solidão, insatisfação, caminhando para um amargo rompimento.

Saiba você, caro leitor(a), que só quem fará plenamente você feliz será você mesmo e Deus, que é "Fonte de Felicidade", não espere das pessoas ser amado, compreendido, querido, reconhecido em suas qualidades, visto como alguém especial e único. As pessoas são limitadas no amor, nunca conseguirão amar você como você imagina e sonha ser amado; falando assim talvez você se entristeça; a verdade pode doer, mas tem a força de nos fazer amadurecer.

Talvez você passe a vida toda procurando sua "Alma gêmea" e não ache, e nunca a achará.

Nem os gêmeos são iguais! Ame-se, será um começo! O bom seria você se contentar com as afinidades e com as pequenas coisas que possa encontrar nas pessoas, para que não deixe o tempo passar em busca de um sonho perdido, privando-se de ser feliz. Quando digo contentar-se não pense "Ah, não tem outro jeito", não é isso, mas sim perceber que nas pequenas coisas é que se encontram as grandes.

3. Propriedade privada

Um mito comum em nós é a pretensão de achar que a pessoa que namoramos é propriedade exclusiva nossa, os pronomes mais usados e colocados são: "meu", "minha", sempre mesclados com uma dose de ciúme (posse); ninguém pode chegar perto dela, pois isso é motivo de cara feia; se fosse possível, colocaria uma redoma de vidro em torno da pessoa e, mais, vendaria os olhos de todos para que não olhassem para o que lhe pertence: o amado(a). É possível isso? Às vezes camuflado, contido, outras vezes expressado de tal forma que leva a cortar relações com amigos, sejam eles do trabalho, da faculdade, do grupo de jovens, até mesmo amigos ou amigas mais íntimos. Em tudo se sente ameaçado. O fantasma da perda o acompanha.

Nesses casos, estão esquecendo o respeito ao outro, pois antes de se conhecerem e de começarem a namorar cada um tinha seus amigos. Tirar o direito de ser livre, sufocar, não é visto como amor. É preciso deixar Jesus tocar nessa área, dando equilíbrio, curando carências da afetividade, levando à maturidade.

O perigo são situações em que se entregam plenamente, de uma maneira compulsiva, e quando a relação se quebra acontece como vemos em muitos jornais: assassinatos, mortes, vingança e outras atrocidades cometidas em nome do amor: "Eu matei por amor, e se não vai ficar comigo, não fica com ninguém"; ou suicídios por amor não correspondido, mas não vem ao caso entrar a fundo nessas questões, nem é a intenção deste livro.

No contexto religioso, quero partilhar uma situação que se aproxima desse mito "propriedade privada", rezando para a cura de feridas de uma jovem que namorou durante longo período um rapaz. Antes ela servia o Senhor na

Missa, no Grupo de Oração, com amor e alegria; quando começou a namorar, paulatinamente foi-se distanciando, a ponto de não ter mais tempo para as coisas de Deus. Vivia em função do namoro, e o compromisso foi ficando mais sério. Quando estavam inteiramente envolvidos, por ironia da vida, houve um ruptura na relação, causando-lhe profundos estragos emocionais e afetivos. A princípio ela não conseguia entender, falava em meio a suspiros e choro: "Parecia que tínhamos nascido um para o outro".

Nada é por acaso, tudo passa pela permissão de Deus, existia uma grande desordem em seu namoro, ela deixara todas as coisas para viver em função da relação. Com a separação, houve uma sacudida interior para que ela pudesse rever como andava e se comportava. O fato de ter esfriado seus laços com as pessoas levou também ao mais grave de tudo: seu coração tinha perdido o calor, não havia mais espaço para Deus, fez tudo para estar numa convivência feliz com o amado, gastou todo o tempo, perdeu tanto, privou-se de tanto, sujeitou-se a ser propriedade e no final não teve o que queria; mas, graças a Deus, o Senhor a levantou.

Ouça a voz do anjo na escritura:

"O anjo responde-lhe: Ouve-me e eu te mostrarei sobre quem o demônio tem poder: são os que se casam (namoram) banindo Deus de seu coração e de seu pensamento, e se entregam à sua paixão, como o cavalo e o burro, que não têm entendimento: sobre estes o demônio tem poder" (Tb 6,16-17).

Rezo a Deus para que os jovens encontrem pessoas para namorar, mas que amem mais a Deus, assim, se porventura terminarem o namoro, não vão querer morrer com a relação, pois lembrarão que Deus é mais que um mito. Existem inúmeros mitos que carregamos, os quais precisam passar pela "sarça ardente" do coração de Jesus, libertando-nos de tudo o que distorce o verdadeiro sentido de ser feliz.

O bicho-papão do medo no namoro

Sempre fazemos o tipo "machão", não temos medo de nada. Medo limita-se apenas às mulheres, elas é que são medrosas, têm medo de tudo, de barata, sapo, rato... Nós homens, não! E você sabe que não é bem por aí. Nós disfarçamos melhor, mas também somos rodeados pelo medo, e o rapaz que expressa esse medo pode demonstrar aos olhos de alguns machistas de plantão perda da masculinidade, o que não é verdade.

No namoro também há a presença desse "bicho". Quantos jovens têm medo de namorar e não sabem por quê; acabam não namorando e inventam inúmeras desculpas, não explicando necessariamente o motivo de não encarar o namoro. Falam que não têm tempo, têm de estudar para o vestibular, trabalhar; as garotas põem a culpa no pai que não deixa; outros, numa inconstância desordenada, seus namoros não duram muito tempo, logo que começam estão terminando, e não entendem por quê. Desculpas esfarrapadas. Só dizem: Não deu certo...

Indiscutivelmente, temos medo da intimidade!

Quando o relacionamento vai ficando mais sério, tentamos dele, "saída pela esquerda", correr se possível. Se completa um mês (é tudo bem!), se entra em dois meses (é de preocupar), passou de dois meses (ah! perdeu a graça). Medo!

Possíveis medos que achei conveniente mencionar:

1. Medo da não aceitação

O que gera paranóia na cabeça de muita gente é o medo de não ser aceito, de não ser compreendido, de ser mal interpretado, de ter ponto de vista e visão de mundo e valores diferentes, de ser excluído; temos medo de revelar-nos como somos de fato.

Pude aconselhar vários jovens com essa inquietação; eles, que tinham uma vida de oração, castidade, busca de santidade, louvor, depararem com o medo de assumir isso diante do namorado(a) novo que não vive a mesma realidade.

De serem tachados de "quadrados", "alienados", "fanáticos" e outros termos nesse sentido. Meninas que tinham receio de falar para os namorados que eram "virgens" e por optarem relacionar-se sexualmente só no casamento (vejo como virtude e não como "câncer"); por outro lado, quando não é mais virgem e tem medo de ser vista como "galinha". Raiz de muitos sofrimentos, angústias, por uma forte influência cultural, social, emocional e tantos outros motivos.

E como diz o Senhor: "Não tenhais medo", muitas vezes Ele fala isso a nós, filhos, e uma coisa é preciso recordar: *"Mas, pela graça de Deus sou o que sou, e a graça que Ele me deu não tem sido inútil"* (1Cor 15,10).

Acredite que você é especial, e de fato é. A graça de ser você mesmo não pode ser em vão, talvez quem não aceite você seja você mesmo, e, se for o caso, permita a Deus curá-lo, dar-lhe amor-próprio, paixão por si mesmo.

2. Medo de cair na fé

Vivemos uma vida de castidade, oração, jejum, todos os ritos e riquezas de quem vive na graça, mas, confrontando-nos no namoro com áreas não resolvidas, em nível de sexualidade, privamo-nos por não ter coragem de iniciar um romance.

"Eu acho que não dou conta, se encostar em mim eu não seguro."

"Se me beijar na nuca eu fico doido."

É melhor você rever sua vida de castidade e tudo o mais, talvez esteja vivendo na lei e não na graça; precisa deixar Jesus tocar nessas áreas não resolvidas, devendo assim encará-las com tranquilidade, sem ficar preso, tirando-lhe a chance e o direito de ser feliz.

3. Medo da exigência

Quando ficamos cara a cara com a pessoa num relacionamento, notamos que teremos de mudar nosso comportamento, exageros, manias, hábitos... e mudança para nós é ruim porque estamos acostumados conosco do jeito que somos.

A coisa complica normalmente com essa exigência de agora para a frente ser preciso modificar velhos costumes.

Lembro-me de uns amigos que estavam brigando muito, um exigia do outro mudança:

"Ele vive me chamando a atenção, porque brinco muito".

"Ela sorri demais, poderia ser menos."

Temos de nos adaptar à mudança, é natural, e Deus nos coloca com pessoas diferentes no temperamento, na personalidade para que cresçamos, e um dos pontos que precisa ser considerado é o crescimento, mas não olhar apenas um dos lados, pois a relação é bipolar, deve ser vista num todo.

No discurso acima, os dois precisavam ceder, admitir que ambos necessitavam de mudanças, tirar os "exageros", tanto na postura séria demais ou na extrovertida, mas respeitando mutuamente o processo de cada um, no degrau do aprendizado.

4. Medo da perda

O que mais nos assombra é a danada da perda, como é ruim! E se pudesse não existir seria ótimo, não é? Ganhar é tão bom, mas perder, seja o que for, causa um buraco, ausência, vazio que chega a doer na alma, e, quando perdemos, bate um arrependimento de não ter vivido a situação plenamente. Um dos medos que temos do namoro é achar que com ele vamos perder nossa privacidade, que teremos de deixar de fazer o que gostamos, os amigos que temos, os passeios que apreciamos, a igreja que amamos, para viver uma vida em função do outro. Entenda: namoro é para somar e não para dividir; você não vai deixar de ser você para ser uma outra pessoa, o parceiro(a) terá de entender isso. O medo nos impede de sermos felizes e nos faz achar que a relação não dará certo.

"Para que começar, vou me envolver, me apaixonar e depois terminar, e tudo que investi nesse namoro se perde!"

Pensando assim, talvez você esteja tirando a chance de ser feliz, e só saberá disso, arriscando. Talvez olhando para trás sentirá que sua maior perda foi não ter tentado. Pessoas com esse discurso são transparentes nas entrelinhas; existem mágoas, decepções, feridas afetivas, dor de quem um dia perdeu alguém. Só crescemos e amadurecemos quando a dor da perda abala nosso interior fazendo que o nó na garganta seja um sinal de que a partir de agora não seremos os mesmos, seremos melhores. Com as perdas aprende-se a ganhar.

Em suma, o medo faz parte da história da humanidade e de nossa vida, tem seus benefícios e também seus malefícios, não deixará de existir e é preciso aprender a conviver com ele. Os jovens angustiam-se antecipadamente, pressupõem que alguma coisa vai acontecer, sem mesmo ter vivido. Diante do "bicho-papão do medo", do "Golias", é necessário estar forte, forte em Deus. *"Isto é uma ordem: Sê firme e corajoso. Não te atemorizes, não tenhas medo, porque o Senhor está contigo em qualquer parte para onde fores"* (Js 1,9).

1ª, 2ª, 3ª, 4ª, 5ª... intenções

5

Antes de começarmos a namorar, ou até mesmo quando estamos namorando, é preciso avaliar claramente quais são as motivações que nos levam a querer esse namoro e a estar nele. O que quero? Qual minha pretensão em assumir esse relacionamento? O que verdadeiramente passa em minha cabeça, coração, razão? Que intenções eu tenho?

São inúmeros os motivos que empurram os jovens para o namoro. Se formos analisar seriamente, nossas intenções não seriam nada boas, não que seja em todos os casos, e às vezes elas são até inconscientes, mas se estamos falando disso agora é para que nosso comportamento e nossas atitudes mudem, pois caminhamos para essa mudança.

Conceitos e valores egocêntricos, pregados pelo mundo misturam-se a nós, de forma a perdemos a ética e o bom senso, e passa a valer a lei do "levar vantagem", não se importando com o outro, pois o outro tampouco se importa conosco.

Essa linha de desamor precisa ser quebrada, como diz o Senhor: *"Se conheceres a Verdade, a verdade vos libertará"*.

Talvez algumas verdades que serão ditas possam tocar em feridas que existam em seu coração, mas o ranço do homem velho precisa ser desmascarado e substituído pelo homem novo nascido da graça. *"Pois o Amor não busca seus próprios interesses"*.

Existem muitas intenções negativas que distorcem o real sentido do namoro, prejudicando-o e até mesmo banalizando-o. Mencionarei as mais comuns:

1. Fuga dos problemas: (prisão familiar)

Muitos jovens usam o namoro para fugir da realidade dos problemas em que se encontram: na família, com os pais que brigam muito, com as mães que sofrem com o marido preso à bebida, com as dificuldades financeiras, que os fazem sentir-se um peso para a família, "mais uma boca para comer". São cobranças em todos os sentidos: no trabalho, na escola, repressão por parte de pais castradores. Uma grande carga de insatisfação, de culpa, de revolta, de medo... Veem, então, no namoro um porto tranquilo e calmo, longe da tempestade de problemas.

Por esse mesmo motivo, muitas meninas casam com o primeiro que aparece, pois a situação conflitante em casa estava insuportável; elas veem no namorado o Salvador da Pátria. O que está em jogo nem tanto é o amor, mas fugir do desconforto em que vive.

Os rapazes normalmente, quando não conseguem suportar a pressão familiar, saem de casa e vão viver com amigos ou mesmo sozinhos. Vale ressaltar que cada caso é um caso. Saem muitas vezes de uma prisão e entram em outra.

Problema não se esquece, enfrenta-se.

2. Remédio contra a solidão

A queixa que mais se ouve é: Não quero ficar sozinho(a).

O medo mais frequente nos jovens atualmente é o da solidão, de ficarem na condição de "tios" e "tias", de não conseguirem encontrar ninguém para amar e serem amados. E o pavor é tão grande que muitos se precipitam e, por não suportarem ficar sozinhos, lançam-se a namorar qualquer um, buscando no namoro remédio para seus males, em especial para a solidão. Às vezes, nem gostam da pessoa, mas o que querem é alívio, é ter alguém fazendo-lhe companhia, porque com certeza na família encontra apenas o isolamento e a ausência, pai ausente, mãe ausente, irmãos ausentes...

3. Escudo de proteção

Desprotegidos pela vida, esforçam-se para encontrar no namoro a proteção que lhes falta, que não receberam da mãe, do pai, dos irmãos, dos amigos. Esperam que o parceiro os substitua, e, não conseguindo, têm a sensação de fracasso e aumenta sua carência afetiva. Na verdade, é desastroso substituir colo de mãe, de pai, papéis que são próprios deles.

4. Seguro de vida

Um dos postulados de Erich Fromm sobre as necessidades do homem é a "necessidade de segurança". Uma pessoa insegura na vida, no que pensa, no que fala, para tomar uma atitude, para posicionar-se diante de situações diversas, sem autoconfiança, quando encontra uma pessoa com o equilíbrio da segurança, literalmente se apega a essa pessoa tornando-se extremamente dependente, e se o parceiro não for sensível a essa desordem será um problema, pois o que prevalecerá será apenas sua vontade, impedindo o crescimento e a partilha, por outro lado, a passividade do dependente poderá ser manipulada, porque este não se sente seguro em nada.

5. Patrocinador

Namoro mais o bolso ou a carteira que a pessoa, pois é diversão certa, tem dinheiro, pode gastar. Esse relacionamento visa apenas o aspecto econômico.

Leva-se em consideração o que a pessoa tem, e não o que ela é. O patrocinador compra de tudo, não se cansa de dar, banca todos os caprichos, sabe que é visto como

Banco 24 horas; esse papel de "mina de ouro" pode ser para homem ou para mulher. Sujeita-se a estar nessa condição geralmente quando o que se tem a oferecer seja unicamente dinheiro, normalmente essa pessoa busca amor, atenção, compreensão, carinho e, encontrando alguém que se deixa vender, dispõe-se a comprá-la.

6. Troféu conquistado

O que importa nesse relacionamento é o status, seja ele proporcionado pelo visual, pelo físico ou pela posição que ocupa no meio social. Valoriza-se o prestígio que o namoro pode dar; o afeto/emocional não pesa tanto nessa relação, é superficial, interessa apenas mostrar para as pessoas o troféu conquistado.

No meio social: um banqueiro, uma supermodelo, um ator, um cantor... No meio religioso: um pregador, um cantor, uma coordenadora de pastoral, um líder de grupo de jovens, de grupo de oração.

Além dessas intenções, que nos motivam a namorar e a estar namorando, existem outras, inconscientes ou não.

Que ao darmos conta da existência delas, Deus possa libertar-nos, corrigir-nos, levando-nos dia a dia para uma transformação interior no amor de Jesus.

Namoro cristão

1. Namoro cristão, desafio para o jovem

De tanto falar para jovens sobre namoro cristão, pude constatar o quanto é difícil vivê-lo. É verdadeiramente um desafio nos dias de hoje, em que o mundo massacra nossa sexualidade, resumindo-a apenas ao genital(sexo), banalizando-a. Somos bombardeados continuamente por imagens, por cenas extremamente erotizantes; seja para que lado andemos deparamo-nos com cenas apelativas voltadas ao sexo; em todos os shows, espetáculos, anúncios, propagandas veem-se embutidas pitadas de pecado, entrando pelos olhos e ouvidos, chegando ao coração e refletindo em nosso comportamento; uma descarga de erotismo que chega a nossas casas através da "vitrine mágica" da TV, fazendo com que as pessoas percam a noção do pecado.

Temos medo de tudo que possa pôr nossa vida em risco: assassinatos, roubos, assaltos, doenças fatais, bala perdida, sequestros, estupros, enchentes, terremotos... Mas não temos medo da raiz que causa tudo isso: o pecado. Perdemos o medo, ele já não representa uma ameaça, é inofensivo, fruto da Igreja para manipular o povão.

Se pensa assim, com certeza, o Tentador ri de você, porque o que o espera é a morte, recompensa do pecado. Se ele não existe, por que não achamos respostas para tanta atrocidades que vemos nos jornais, nas revistas? Pais que matam filhos, filhos que matam pais, por causa de herança, assaltos, mortes e tudo mais.

Culpa de quem? Do governo? Em parte!

Existe uma resposta? Com plena convicção, sabemos que isso não saiu do coração de Deus!

Voltando à sexualidade: diante desse caos, ela está toda contaminada e deturpada; perdemos o limite, tudo pode: transar à vontade, abortar, vender-se, tudo na normalidade.

Nossas crianças são expostas na TV, com roupas sumárias, provocantes e sensuais, longe da inocência que a criança tem, descaracterizando-lhe o corpo, fazendo-a mulher precocemente; e as mães aplaudem, vibram por ver suas crianças rebolando, ao som de músicas pornoeróticas, queimando etapas do desenvolvimento infantil, trocando a boneca pelo batom, a inocência pela sensualidade.

Sem perceber o que tudo isso desencadeia, vemos as consequências: crianças abusadas sexualmente por adultos, seja o pai, o irmão, o velho, o tio; meninos molestados diante de uma câmara de filmagem para satisfazer taras adultas. Por que isso tudo?

Nessa exposição excessiva das crianças, não imaginamos que o lindo para a mãe e o pai, que veem seu filho ou filha no compasso sensual, seja diferente para um homem com desvio de sexualidade "pedofilia" (desejo sexual por crianças), gerando toda essa desordem; eles vão olhar para seu filho como objeto de desejo. Vemos as consequências e ignoramos a causa.

Tudo está normal. Mostram-se bumbuns, peitos, coxas, recurso eficaz para elevar o ibope; a mídia sabe onde está o ponto fraco do brasileiro, só não mostra o útero porque seria expor demais; mas não está longe de isso acontecer. Antigamente, eram só as mulheres, agora os homens liberaram geral. Todas as fantasias já não são mais fantasias, saíram da imaginação, e hoje estão à disposição de qualquer um. Basta acessar a Internet, tudo à mão, teclando o mouse, conversa-se, examinam-se fotos... Navegando entre uma e outra sala, sem a fronteira da censura. Ou quando se quer dar uma "rapidinha", após assistir a um filme erótico, é simplesmente ir à esquina mais próxima e pagar por um programa com a garota ou garoto de "aluguel", escolhidos num catálogo.

Não existem mais fantasias. E por não existirem mais, pois todas tornaram-se comuns, criam-se outras para substituí-las, com certeza mais bizarras e sádicas. O corpo é o objeto de prazer, gozo, tesão, orgasmo... Nunca se cultuou tanto o corpo, como nas últimas décadas; a ciência correu em busca de novas tecnologias para melhorá-lo e preservá-lo, a estética criou fórmulas e mais fórmulas para rejuvenescê-lo, dietas e mais dietas para emagrecimento, lipoaspiração, plásticas reparadoras, próteses de silicone e um arsenal de produtos para manter a boa forma física. Nunca as academias de fisiculturismo foram tão frequentadas; o comércio do corpo rende milhões em revistas, filmes, fazendo do corpo um meio lucrativo e engenhoso de ganhar dinheiro. O espiritual e o emocional ficando aquém, na maioria dos casos.

"Por isso, Deus os entregou aos desejos de seus corações, à imundície, de modo que desonraram entre si os próprios corpos. Trocaram a verdade de Deus pela mentira, e adoraram e serviram a criatura em vez do Criador, que é bendito pelos séculos. Amém!" (Rm 1,24-25).

A Igreja, preocupada em como a sociedade caminha, na pessoa do Papa, reforça a passagem acima, proclamando aos jovens uma verdade incontestável:

"Adoração do corpo? Não, nunca!
Desprezo do corpo? Também não!
Controle do corpo? Sim.

Transfiguração do corpo? Mais ainda!"
(João Paulo II aos Jovens, Parque dos Príncipes, Paris 1980).

Nosso corpo e nossa sexualidade precisam ser transfigurados na graça de Jesus; este é o "grande desafio" de se ter um namoro santo, transfigurando-nos em templos consagrados a Deus.

Humanamente chega a ser impossível, pois os padrões estabelecidos são bem mais fortes do que nós, gritam de forma ensurdecedora em nossos ouvidos, impedindo-nos de ouvir a voz do Senhor, dificultando o desejo de sermos santos e castos. É um desafio, até mesmo diria, uma afronta, em meio à selva, assumir a castidade, a santidade, a virgindade... Aqueles que não vivem esse desafio são tidos como loucos, quadrados, retrógrados, ultrapassados e todos os adjetivos imagináveis. O que se percebe é que muitos jovens hoje ignoram a cruz, não esperam recompensa e vantagem em ser santo.

"Eles desconhecem os segredos de Deus, não esperam que a santidade será recompensada, e não acreditam na glorificação das almas puras. Ora, Deus criou o homem para a imortalidade, e o fez à imagem de sua própria natureza" (Sb 2,2-23).

Essa opção de vida só é possível após ter tido uma experiência profunda de Deus, um encontro pessoal com Ele, permitindo que Ele renove e reevangelize toda a nossa mente, pensamentos, valores, conceitos contaminados pelo excesso de erotismo. Leva-nos a perceber que, antes de a garota ter bumbum, seios, coxas e vagina, por trás disso existe alguém que é templo onde habita Deus; que ela é uma pessoa que tem sentimentos, emoções, fragilidades. Assim também, atrás do conjunto que compõe o garoto: pernas, bíceps, coxas, bumbum e pênis, existe um homem que é imagem e semelhança de Deus. E isso não diminui, ao contrário, exalta suas qualidades físicas. "Beleza não se pôe na mesa", é passageira, dissipa-se no tempo, beleza interior permanece. Terá de transpor uma grande muralha, talvez nem seja mais difícil a que os outros colocam, mas a sua própria muralha, em assumir uma postura renovada. Esse é um desafio! Mas Jesus, através deste livro, quer desafiá-lo, e encarando-o, saiba, não estará sozinho(a) nessa luta, muitos jovens estão nessa constante batalha de namorar santamente, fugindo dos moldes existentes; ou você acha que foi fácil para Maria e José serem castos? Eram homem e mulher concretamente, mas o que lhes deu condições para viverem assim? Força do alto. E os que estão conosco são em maior número.

"'Não temas', respondeu Eliseu: 'os que estão conosco são mais numerosos do que os que estão com eles'. Orou Eliseu e disse: 'Senhor, abri-lhe os olhos, para que vejam'. O Senhor abriu os olhos do servo, e este viu o monte cheio de cavalos e carros de fogo ao redor de Eliseu" (2Rs 6,15-17).

2. O verbo "ficar" ser trocado pelo verbo "namorar"

Para entender o verbo "ficar", precisamos recorrer à influência da cultura ocidental de morte em que vivemos e pela qual somos influenciados. Uma cultura americanizada, que nos condiciona a sermos consumidores compulsivos, a comprar tudo o que está para ser vendido: vestuário, calçados, eletrodomésticos, imóveis e, escandalizem-se ou não, até pessoas, basta ter o senhor dinheiro. Lembram?

Com esse consumismo alucinante, que bate à porta a todo instante, e reforçado pelo princípio do descartável, internalizamos que tudo o que usamos é descartável; roupas, calçados e todas as coisas... nada dura para sempre, as coisas perdem seu valor para que sejam substituídas por outras mais novas. Somos induzidos a comprar, comprar, comprar, sem ter necessidade alguma; ficamos num contínuo círculo que escraviza e oprime, e nessa avalanche, não damos conta de que em relação às pessoas, nós as conceituamos também como descartáveis.

A exemplo disso, surge o verbo "ficar", reflexo do descartável, apoiado por uma pseudorrevolução sexual que, em vez de trazer revolução, faz com que ela se torne vulgar e banal, disseminado através de teatro, novelas, livros, revistas, jornais, rádios, programas de TV, toda e qualquer forma de comunicação verbal e não verbal. Para clarificar mais, vou recorrer a vivências dos jovens.

Nas novelas ou em programas de entretenimento, podemos notar o quanto essa ideia permeia seus textos, assuntos, fazendo e incutindo na cabeça da moçada e dizendo que tudo é normal, e o jovem por sua vez não questiona e muito menos critica, apenas engole.

Veja: "As novelas são um exemplo típico de folhetim descartável, a começar pelas personagens. Não que tudo seja ruim, mas aproveita-se muito pouco daquilo que passam. O "ficar" é arma para prender a atenção de quem assiste. Analise: há sempre os protagonistas que estão em busca da felicidade, mesmo que esta lhe custe quebrar ética, moral, valores, o que importa é conseguir. Sempre há uma mocinha belíssima, gostosa, sensual, com todos os atrativos para elevar o ibope; há o mocinho, também muito bonito, atraente, forte, macho, que tira o fôlego da mulherada inteira, que não admite gostar da mocinha, pois talvez ficaram juntos e tiveram problemas e agora, por orgulho, mesmo gostando dela, não dá o braço a torcer...

O resto você sabe. E, nessa confusão, para passar raiva um no outro ou seja lá o que for, inicia-se uma briga amorosa juntamente com todo o elenco que participa, envolvido em intrigas, vinganças, e aquela salada que conhecemos.

Sem falar da mocinha que, por despeito de não poder

ficar com o mocinho que a rejeita, começa a ficar com todo o mundo. Fica com o irmão do mocinho, com o motorista, o jardineiro, o empresário bem-sucedido, com o filho, o tio, o avô do empresário, e, se o empresário tem uma mulher feia, enjoada, antipática, nós torcemos para que a mocinha o conquiste, aplaudimos o adultério, não é? E, nessa frenética maratona, o elenco também não perde tempo, todos ficam com todos. O mocinho beijou e transou com todas e a mocinha nem se fala...

E, finalmente, no final da novela, a mocinha e o mocinho reconciliam e casam, ela, de véu e grinalda, e ele, com enfeite sobre a cabeça, felizes e fiéis para sempre. Fim...

Bonito, não é?

E, saindo da ficção um tanto real em nossa vida, um tanto familiar, vemos que é isso mesmo, as pessoas tornaram-se descartáveis nas mãos umas das outras, viraram objeto, mercadoria, usa-se e joga-se fora, não importam os sentimentos e tampouco a pessoa.

"Ou não sabeis que vosso corpo é templo do Espírito Santo, que habita em vós, o qual recebestes de Deus, e que, por isto mesmo, já não vos pertenceis? Porque fostes comprados por um grande preço. Glorificai, pois, a Deus no vosso corpo" (1Cor 6,19-20).

Somos templos onde Deus habita, portadores da vida e não da morte, moradas de Deus, sacrários vivos, santos, preciosos por carregar a essência do amor, parte do céu está em nós. No batismo recebemos do Pai o Espírito Santo, sem medida, no momento em que somos batizados, Jesus Cristo é inserido em nós: morto, sepultado, ressuscitado e glorificado, tornando-nos parte do corpo místico de Jesus; saímos das trevas para a luz, do pecado para a graça, da condição de criaturas para sermos filhos amados de Deus.

Não somos qualquer coisa, para sermos usados, profanados, prostituídos, abusados e molestados, ou comercializados como mercadoria; fomos comprados por um alto preço, nossa vida custou o sangue de um inocente Jesus que por amor se doou, morrendo, e morte de cruz.

Há muitas mulheres que se deixam usar como objetos, parecem nota de um real, vivem sendo passadas de mão em mão, ou vendem o próprio corpo como mercadorias de supermercado que estão nas prateleiras, onde as pessoas chegam, olham, pegam, conferem o preço: se gostam vão ao caixa e pagam. Muitas mulheres são assim, mercadorias baratas, usadas pelos rapazes que olham, pegam e muitas vezes nem pagam...

Falando dos rapazes, que também não deixam de ser descartáveis, são piores que a antiga fita de locadora, que era alugada cada dia por uma pessoa, pior "fita pirata"; têm a doce ilusão de que só eles levam a melhor: agarrei, fulana, fiquei com sicrana, amiga da fulana, amassei, beijei... Contam uma vantagem de ter feito e desfeito, "O rei da cocada", o "Garanhão".

Coitados!

Acorde! A relação é bipolar, tudo que foi feito teve o consentimento da garota, você não fez sozinho, se beijou foi beijado, se agarrou foi agarrado... Foi objeto.

O ficar é isso, não se importar com a pessoa; é a busca do prazer pelo prazer, o descomprometimento, o fugir do profundo na relação a dois, o desrespeito com o próximo, que é templo de Deus, o sexo desregrado, motivo de muitas meninas chegarem à conclusão: "Ah! fui usada por aquele rapaz", talvez não tenha se dado o respeito.

Um aspecto importante também a mencionar seria que muitos jovens não namoram, somente ficam, por medo de se comprometerem, pois o namoro exige compromisso e o ficar não. No namoro você implicitamente se compromete a fazer com que a pessoa que namora se torne muito melhor do que era antes do início do namoro. E uma outra questão interessante, que poderíamos jogar como luz, é o fato de que no namoro nos expomos; apresentamos com o tempo nossas fraquezas, defeitos, manias... e no ficar a relação permeia a superficialidade, e assim mascaramos o que de fato somos.

Uns veem no ficar algo normal, é assim mesmo, todo mundo faz, hoje as coisas mudaram... e haja discurso! Você não é todo mundo, é imagem de Deus!

Você, leitor(a), que busca viver uma vida diferente, conduzida por Deus, paute-se na Palavra: *"Não sabeis que sois o templo de Deus, que o Espírito de Deus habita em vós? Se alguém destruir o templo de Deus, Deus o destruirá. Porque o templo de Deus é sagrado e isto sois vós* (1Cor 3,16-17).

Precisa dizer mais alguma coisa? Diante dessa Palavra, que esclarece nosso entendimento, que tira a cegueira que não nos deixa ver a verdade, que nos mostra que a santidade em nosso corpo, coração e mente será recompensada, é inadmissível que no meio cristão haja esse comportamento pagão de "ficar". Se conhecemos Deus, sabemos que Ele se faz imagem e semelhança no próximo.

Deus não nos criou para sermos qualquer coisa, pois de qualquer coisa o mundo está cheio; o namoro é um começo para o respeito, a valorização, a humanização e o amor ao próximo. Quem "fica" acaba ficando sozinho(a).

Arrumando as "bagunças"

7

De acordo com uma das vertentes do pensamento de Freud, quando nosso interior se desconjunta, ou seja, perde o equilíbrio por um motivo ou outro, tendemos a projetar isso em nosso comportamento. Por exemplo: Qual a garota que nunca brigou com o namorado e depois da discussão ficou chateada, deprimida, na "fossa" e de repente começou a arrumar o quarto, tirando toda a bagunça: chinelos, meias, sapatos, roupas que estavam espalhadas, toalhas, livro e tudo que se encontrava em cima da cama ou no chão?

Inconscientemente tenta-se organizar o externo pois o interno está uma desordem, bagunça total. É preciso pôr em ordem a desordem interior, para que ela não venha a comprometer o namoro. Sabemos que existem quatro áreas que envolvem o namoro. São elas: espiritual, fisiológica, emocional e social, e se uma delas está bagunçada, sem a santa ordem, misericórdia! É um Deus nos acuda! Se não houver um equilíbrio entre elas, fatalmente haverá problemas.

Há namoros que estão pior do que quarto de adolescente: uma bagunça, zorra, baderna... Cheio de coisas velhas, empoeiradas, sujas, até mesmo cheirando mal, por estar há tanto tempo sem limpar. Uns quartos apresentam uma bagunça mais discreta, como aqueles que aparentemente estão organizados, arrumadinhos, um brinco! Só não se pode, porém, abrir as portas e gavetas do guarda-roupas, para não correr o risco de achar até cobra, sem falar no lixão.

Só tem aparência!

Quando a bagunça é na espiritualidade, o resto já era. A sexualidade encontra-se ferida, o emocional em crise e o social em atrito, isso vice-e-versa; todas essas áreas estão interligadas, é lógico que com grau e intensidade diferentes. Como está seu namoro? Bem? Rachado ao meio? Em conflito? Qual área encontra-se desarrumada?

Diga não a essa bagunça! E, por favor, pegue a vassoura, o rodo, balde com água e sabão, uma escova, e dê uma boa faxina no quarto. Brincadeira...

Mas permita-se verdadeiramente ser banhado pela água do Espírito Santo de Deus, limpando toda sujeira, imundície, poeira, mancha de pecado, transformando seu interior e também seu namoro, fazendo novas todas as coisas.

1. Arrumando a Área Espiritual

Essa área é fundamental para quem quer ter um namoro a "três".

Que é isso? Orgia sexual? Não, irmão(ã), não é isso que quero dizer, e nem o que você pensou! Namoro a "três" seria: você, o(a) namorado(a) e Jesus. Entendeu?

Um namoro em que haja crescimento, amadurecimento, aprendizado na graça e condução de Jesus, estando a seus pés, como o discípulo mais amado e que ama. O namoro necessita pôr Jesus no centro, principalmente você que optou por um namoro santo. Só Deus santifica, transforma, equilibra.

"Não vos conformeis com este mundo, mas transformai-vos pela renovação do vosso espírito, para que possais discernir qual é a vontade de Deus, o que é bom, o que lhe agrada e o que é perfeito" (Rm,12,3).

Não nos conformemos com os moldes (namoros) do mundo, mas nos transformemos pela renovação do espírito, deixando e permitindo que a graça do Deus Vivo derrame

seu amor, vivificando-nos, experimentando a salvação oferecida por Jesus, levando à cura, libertação e nos reconcilian-
do com o Pai. Desejar usufruir dos Sacramentos, aprender
com o louvor, a gratidão para com o Senhor, alimentar-se
da Palavra de Deus, pondo-a em prática e desfrutar de toda
a riqueza que a Igreja possui, fortalecendo a espiritualidade.

A Renovação Carismática Católica é um meio eficaz de
crescimento para a espiritualidade, ela que é uma retomada
à fonte, ao Pentecostes, graça de Deus que derrama sem
medidas seu Espírito sobre nós, com seus carismas, dons,
frutos e força para os jovens, alegria para a caminhada. A RCC
proporciona renovação em nível de fé para o jovem, como
expressão de Igreja ela é cristocêntrica, levando-nos a uma
maior vivência do batismo, despertando em nós o desejo
de sermos santos, pela força do "batismo no Espírito Santo",
que é marca e identidade desse presente de Deus à Igreja.

Mencionarei alguns meios que podem fazer crescer a
espiritualidade no namoro.

a) Relacionamento com Deus Pai

É descobrir que não somos órfãos, que temos um Pai que
nos ama, e somos para Ele preciosos, insubstituíveis e únicos.
Algo belo na RCC é levar o filho a ter consciência que tem
um Pai, pela experiência da "Efusão" ou "Batismo no Espírito". Nesse momento o próprio Espírito Santo clama em nós
"Abba" Pai, e a partir daí se faz presente um relacionamento
filial, antes desconhecido, tirando de nós uma concepção
errada de um Deus distante, longe de nossa realidade, para o
termos próximo, íntimo, presente, inclusive em nosso namoro,
abençoando como um Pai, que se preocupa conosco, reco-
nhecendo sua importância. Deus Pai criou seu(a) namorado(a).

*"Considerai com que amor nos amou o Pai, para que seja-
mos chamados filhos de Deus. E nós o somos de fato. Por isso
o mundo não nos conhece, porque não o conheceu"* (1Jo 3,1).

Relacionar-se com Deus é cultivar uma amizade sincera e profunda; que existe entre pai e filho, na oração que brota do coração impulsionado pelo Espírito; ter nos lábios a palavra: Pai, Papaizinho.

b) Ser o discípulo mais amado de Jesus

Estar na intimidade de Jesus, reclinados ao peito do Senhor, deixando-nos consumir de amor, sem reservas; assumindo Jesus como Senhor do nosso namoro, aprendendo com Ele a ser fiéis, mansos e humildes de coração, perdoando e amando o próximo, dando a vida, se preciso for, permitindo que a salvação seja sinal no namoro, levando-nos a amar a Deus e a reconciliar-nos, dizendo não às tentações que surgem no deserto da fé. Deixando-nos ser moldados e instruídos por Jesus.

"Um dos discípulos, a quem Jesus amava, estava à mesa, reclinado ao peito de Jesus" (Jo 13,23).

Se soubéssemos o quanto o papel de Jesus no namoro é importante, jamais o ignoraríamos. Poderia dizer "mil e uma utilidades": ajuda oportuna em momentos de crise, amigo quando não se acha amigo, orienta quando o namoro perde o rumo, se faz ouvir quando não ouvimos nem pai nem mãe, adverte nos momentos que teimamos, fortalece em resistir às tentações, acompanha quando nos sentimos sozinhos mesmo namorando, depois de muitos conselhos dados a nós, que "entram por um ouvido e saem pelo outro". Ele aconselha, acolhe, alegra quando estamos tristes, faz o que nem pai, mãe, amigos juntos fazem: convencer-nos de que estamos errados, quando realmente estamos. O casal, despertando para esta realidade, descobre que as coisas se tornam mais tranquilas, no instante em que se reclina ao peito do Amigo, que se encontra na Eucaristia.

c) Levar Maria para o namoro

Mais uma para segurar "vela"? Talvez. Mas a participação de Maria se faz de maneira discreta e silenciosa, sem alarde, na serenidade de seu coração imaculado de mãe. Como nas Bodas de Caná, a estar percebendo no namoro o vinho que falta, seja ele da alegria, saúde, compreensão, fidelidade, respeito... Intercedendo junto a Jesus, antecipando milagres em nossa vida, conhecendo nossas necessidades e pedindo por elas. Com Maria aprende-se muito, ela que é exemplo de santidade, castidade, virgindade, virtudes que nos motivam a seguir. Maria nos ensina a viver a vida na graça, cheia do Espírito de Deus no coração, mente, pensamento, sentimento, gerando assim Jesus para o mundo. Ela e seu silêncio nos ensinam a sabermos ouvir a voz de Deus, entender sua vontade no namoro.

Percebendo que o "Sim" de Maria mudou toda a história da humanidade, também com seu "Sim" ao plano de Deus seu namoro será outro.

"Quando Jesus viu a sua mãe e perto dela o discípulo que amava, disse a sua mãe: "Mulher, eis aí teu filho". Depois disse ao discípulo: "Eis aí tua Mãe". E desta hora em diante o discípulo a levou para a sua casa" (Jo 19,26-27).

Discípulo verdadeiro leva Maria para casa, acolhendo-a, amando-a... Meditando o Rosário, oferecendo assim rosas para a mãe. Ave, Maria...

d) Sacramentos: o Céu no namoro

Redescobrindo o valor dos sacramentos e sua importância na vida do cristão, os Sacramentos, sinais de Deus na Igreja, um pouco daquilo que é o Céu, são ferramentas de santificação para nós, filhos de Deus. São fontes de inesgotável amor, misericórdia e graça, que o Pai nos oferece.

Assim como nós convidamos o namorado(a) para uma festa (dançar, divertir, conhecer novas pessoas), e é bom que se faça, precisamos também convidar para a maior festa já vista, o grande espetáculo da terra: a Missa, prova de amor de Jesus, que se dá de comer e beber a nós. Ponte direta de Salvação, cura e libertação. Na confissão nos dá a sobriedade em relação aos limites, que precisamos ter, revelados pela misericórdia, absorvendo nossos pecados, na pessoa do sacerdote, e dando-nos força para resistirmos ao pecado.

Os sacramentos são valorosíssimos para sedimentar em nós uma fé madura, uma conversão profunda, uma postura reta, levando-nos a entender que o Céu existe (Sacramentos), mas há também as nuvens e com isso as tempestades podem surgir.

e) Oração como combustível no namoro

Assim como o carro não pode andar sem combustível, o homem, por sua vez, sem oração também não chega a lugar algum. A oração, que brota do coração e sai pelos lábios de quem ora, produz frutos incalculáveis.

A oração no namoro precisa estar presente, é pela oração que nos relacionamos com o Pai, que chegamos a ter uma intimidade com Jesus, que deixamos de ser órfãos de mãe, amando Maria e com Ela aprendendo mais a orar como convém. Na oração a alma percebe que tem sede, "Sede de Deus". E podemos matar essa sede e fome através dos Sacramentos, em especial a Eucaristia. Nela, vemos como somos pecadores, carentes, fracos, frágeis, sempre precisando de Deus.

É na oração que Jesus irá curar os corações de feridas e traumas de relacionamentos passados que deixaram sequelas. Rezando juntos, aos pés da cruz, os namorados preparam um matrimônio mais sólido e maduro.

Na oração pessoal criamos uma intimidade com o Senhor e Ele conosco. No entanto, perguntamo-nos: Por onde começar? O que rezar? Há uma infinidade de meios para orar. Pude descobrir inúmeros na RCC. Vejamos alguns desses meios.

Louvor

No louvor deixamos de ser pedintes e passamos a agradecer mais; largamos de murmurar e bendizemos; no louvor voltamos mais o nosso olhar para aquilo que é bom.

Já agradeceu a Deus por ter alguém tão especial ao seu lado? Se não, pare de ler, feche os olhos e agradeça. Louve por tudo: pelo namoro, pela pessoa que você namora, pela família, pelos amigos. Depois veja o efeito que o louvor produz: alegria, paz, amor, entre outros. É oração!

Terço

No terço mariano meditamos toda a vida de Jesus, aprendemos com Maria a amá-lo. O terço rezado no namoro reforça as virtudes de Maria na relação a dois. Virtudes como: virgindade, castidade, santidade, temor a Deus, obediência.

Salmos

Ricos em sabedoria, reflexo do coração do homem e suas angústias, tristezas, alegrias, solidão, abandono... Ler em forma de oração enriquece a espiritualidade.

Adoração

Especialmente diante do Santíssimo, juntos, sendo adoradores em espírito e em verdade, contemplando o mistério de amor da Santíssima Trindade.

Silêncio

Não apenas a ausência de barulhos, mas o coração em sintonia com o Senhor ouvindo sua voz.

Sagrada Escritura

Rezar com a Palavra, meditá-la, ruminá-la, contemplá-la e colocá-la em prática é uma forma ótima de oração. Fazendo assim vivemos o evangelho. A Palavra de Deus tem o poder de exortar, edificar, corrigir, animar, consolar, orientar, aquebrantar os corações mais endurecidos; é como uma faca de dois gumes a dividir a alma. Acesso só direto com Deus, ela ministra em nossos corações a vontade do Senhor, é verdadeiramente uma Declaração de Amor de um Pai para seus filhos.

Línguas

Muito comum na RCC após o "Batismo no Espírito Santo". Nessa oração, o próprio Espírito Santo ora por nós, é a oração que brota do coração. O dom das línguas se vê claramente no dia de Pentecostes em Atos 2, quando todos ficaram cheios do Espírito e começaram a orar em línguas, louvando e bendizendo a Deus. Vem em nosso auxílio porque não sabemos rezar como convém. Bendito seja!

Retiros e encontros
São meios que propiciam crescimento na vida de oração para o casal. Esses encontros oferecem pratos cheios para nos alimentar espiritualmente: grupos de oração, tardes de louvor, shows musicais, congressos...

2. Arrumando a área fisiológica
Essa área no namoro geralmente se encontra bagunçada, envolve o corpo por inteiro e suas sensações de prazer, está relacionada à genitália (conjunto dos órgãos reprodutores, especialmente os órgãos sexuais externos). Como Freud diz, temos certa dificuldade de lidar com os impulsos sexuais, pois somos diferentes dos animais que têm o cio. Nosso desejo é constante, além disso, recebemos inúmeros estímulos, que fazem com que percamos realmente o controle sobre o desejo. Na sociedade em que vivemos, sexo virou comércio, as pessoas tornaram-se descartáveis. Ficar é a onda do momento, trocamos de parceiros como trocamos uma roupa usada, numa busca frenética do prazer pelo prazer, uma verdadeira "sexualina" no sangue. Os carinhos deram lugar às carícias; o sexo se distanciou de seu verdadeiro sentido.

O que vemos em relação ao namoro está mais para ponto de encontro e trocas sexuais do que na verdade namoro. É mais ou menos assim: é mais barato e confortável para o rapaz ter uma menina à disposição e dizer que a ama, e relacionar-se sexualmente com ela, do que pagar uma prostituta; é menos arriscado, sem falar o lado emocional que os envolve; no entanto, com a prostituta não acontece dessa forma. Estou mentindo? Se a menina no decorrer do namoro não mantiver relações sexuais com o parceiro, o namoro não vai longe, ou às vezes nem começa. As pessoas são tratadas como objetos, e, sinceramente, namorar para o "mundão" é careta, ultrapassado, o "ficar" é que manda.

O motivo principal é a concepção errada, deturpada que nos é apresentada. Acolhemos e internalizamos tudo isso, e quando nos deparamos com essa situação nova de um namoro dentro dos planos de Deus, travamos. Não sabemos o que fazer, ficamos com mãos e pés atados, aí a bagunça está feita. Surge uma avalanche de dúvidas, questionamentos, perguntas, medos: O que podemos ou não podemos fazer? Podemos beijar? E transar, podemos? Fazemos sexo ou amor? Essas e outras muitas perguntas são feitas.

Tenhamos clareza: essa área implica sobretudo lucidez e responsabilidade do casal, em especial os que optaram pela castidade; sabemos que não é fácil, mas também não é impossível. Entrarei direto no assunto, sem rodeios, em alguns detalhes do namoro, no que diz respeito à área fisiológica, para poder entendê-la e depois colocá-la em ordem.

a) Mãozinha boba (carinhos e carícias)

É até engraçado falar da "mãozinha", mas de boba não tem nada! É uma "pegação", "apertação"... E se essa mãozinha falasse! Primeira coisa: carinho é diferente de carícias; elimine a ideia de achar que a mulher é corrimão de escada! Ela é Templo de Deus. Para melhor compreensão vamos entender o seguinte: para que existam carinho e carícias, a princípio, precisa haver *intimidade*, que não pode ser entendida como *genitalidade*.

Intimidade é expressar afeto por uma pessoa, partilhar os sentimentos numa verdadeira comunhão, é uma unidade

54

interior que aproxima as pessoas sem reservas, máscaras, interesses; a intimidade brota da amizade sincera entre duas pessoas, por isso não deve ser confundida com genitalidade. Posso ser íntimo de uma pessoa e não necessariamente envolver-me sexualmente com ela, um exemplo disso: os amigos.

Os carinhos são manifestações de afeto, expressos não numa forma sensual e erótica, mas em forma de sentimentos vindos do coração de quem ama; são sinais nítidos de quem está enamorado. Vemos isso quando olhamos para os casais de namorados: como se olham, o pegar nas mãos, o abraçar no sentido de proteger, o beijar demonstrando o gostar, o fazer "cafuné", o beijo no rosto, na boca e todos os carinhos que não tenham apelo sexo-genital. É de extrema importância que haja carinho; é através dele que vamos aprendendo e exercitando o amor-doação, o querer bem, o sair de mim para ir ao encontro do outro. Carinho é bom!

No caso das carícias é bem diferente (a "mãozinha boba" conhece bem), elas nascem de estímulo sexo-genital, para causar prazer, estimulando a sensualidade e a erotização, a mãozinha nessa história percorre todo o corpo, principalmente as zonas erógenas. As carícias são bem diretas: uma mordidinha na orelha ou uma passada de língua causando arrepios, uma fungada mais provocante na nuca, um beliscão no bumbum, uma apertadinha nos seios, ou até mesmo pegando e apalpando os órgãos genitais, tudo isso levando para a masturbação a dois.

No namoro cristão é preciso estar atento para que o carinho não se transforme em carícias, o limite entre um e outro é muito sutil e, às vezes, imperceptível; quando percebem já estão acariciando-se; nesse momento, é preciso ter tranquilidade para acalmar os ânimos.

Estar em vigilância, principalmente os garotos, que demonstram incompetência para controlar seus impulsos; necessitam ser ajudados pelas meninas, no que se refere a limites, entretanto eles têm a mesma responsabilidade de pôr limites. É preciso saber que rapazes são diferentes de meninas, na questão psicossexual, mas o autodomínio é o mesmo.

No namoro do "mundão", a "mãozinha" tem livre acesso; as relações nesse tipo de namoro limitam-se apenas à superficialidade física, não se conhecem coração, sentimentos, problemas, nada que passa no interior de quem se namora.

Deixando bem claro que a "mãozinha" tanto pode ser do garoto como da garota; geralmente associa-se essa ideia às atitudes do garoto, no entanto ouço muitas queixas de rapazes que estão em busca de santidade e encontram dificuldades, pois há garotas que não dão sossego.

b) O homem "fogão a gás", a mulher "fogão a lenha"

Para que existam limites no namoro, é necessário cuidado em relação às carícias, para que não se ultrapasse o "sinal vermelho". Sabemos que no namoro a excitação está presente e necessita ser ordenada, controlada; para isso a garota tem de saber que o garoto é diferente dela psicologicamente e biologicamente; que a forma de encarar a excitação sexual é diferente. Entendendo isso, evitam-se muitos problemas.

O rapaz tem a sexualidade mais voltada para o genital, seja na forma visual, mental ou outra forma, todas direcionadas ao genital, despertando a excitação. O rapaz não pode ver uma "saia" que fica todo "aceso"; cenas sensuais, um contato físico intenso, beijo mais prolongado são motivos para deixá-lo, como dizem os próprios jovens, com a "barraca armada"; a resposta para estímulos sexuais é bem mais rápida assemelhando-se a um "fogão a gás", em que basta encostar o fósforo em chamas que ele acende.

Por outro lado as meninas são menos voltadas para o genital, não que elas fiquem menos excitadas, mas necessitam de um período de excitação maior, pois esta

56

ocorre em seu corpo mais em nível emocional e afetivo, do que somente em nível das sensações genitais. É todo um conjunto que a envolve; para que todo esse conjunto tenha uma resposta de excitação como o "fogão a lenha", necessita um período maior para acender, estar no "ponto"; elas são mais emotivas, envolvem-se mais com o clima romântico de carinho, de atenção vindo do parceiro. Estar nos braços, sentir-se protegida, tudo isso cria um ambiente propício para a excitação.

Uma dica: se quisermos ter um namoro santo, se temos convicção disso, se descobrimos pela experiência com Deus que a pessoa que estamos namorando é sacrário vivo de Deus, o melhor é não ficar se abrasando. No momento em que o "trem" começar a esquentar, as pernas bambear, o coração acelerar, a respiração ficar ofegante. *Pare!*

Há jovens que acreditam que dão conta de segurar seus impulsos, que na hora H, param. *Mentira!* Até certo ponto conseguem, depois não, pois cria-se uma exigência de aumento dos estímulos de excitação. E essa história de o rapaz, durante uma situação de maior excitação, argumentar para a garota que é preciso continuar, que não pode parar, senão vai ficar louco, dizendo: "Já chegamos até aqui, por que parar?...", é mal explicada. O impulso sexual humano não precisa necessariamente ser satisfeito, podemos controlá-lo; não morreremos se ficarmos sem sexo; é diferente de comer, beber, que são necessidades que precisam ser supridas para podermos sobreviver. O impulso sexual não chega a essa escala de sobrevivência, a pessoa pode até "subir nas paredes", mas com certeza vai descer, nada que um bom banho "gelado" não resolva.

"Aos solteiros, e às viúvas, digo que lhes é bom se permanecerem assim como eu (casto). Mas, se não podem guardar a continência, casem-se. É melhor do que abrasar-se" (1Cor 7,8-9).

c) Para não se queimarem, a exigência é o diálogo

Todo o mundo sabe que quem mexe com fogo um dia pode se queimar. Sendo o rapaz "fogão a gás" e a menina "fogão a lenha", é de extrema importância, para não queimarem etapas no namoro, um diálogo aberto em relação a saber o que os leva à excitação e em qual parte do corpo sentem-se mais excitados, para que então não haja estimulação em determinada área erógena. Com isso evitam-se a excitação e ocasião de perda, no que diz respeito à santidade.

Se em determinado local você é mais sensível e fica excitado(a) em maior grau, oriente, explique, porque talvez para a outra pessoa a área de excitação não seja a mesma. Diálogo é a chave para um bom relacionamento, não só na área emocional, mas também na área fisiológica.

Meninas: evitem usar roupas que de certa forma causem excitação. Não estou para condenar ou censurar ninguém, mas as queixas dos rapazes são em relação às roupas das meninas, pelas transparências, pelos tamanhos, pelas marcas que fazem na silhueta.

Não somente as garotas, mas também os garotos que vestem calças e camisetas apertadas, fazendo com que as meninas fiquem também estimuladas.

Algo que precisa haver no namoro é o toque. O toque faz parte do namoro, como troca de carinho, como sinal de afeição, mas existe um "puritanismo religioso", no meio dos jovens, que dificulta o crescimento e o amadurecimento no namoro. Se o rapaz toca na perna da garota é tarado! Se abraça mais forte, nem se fala... Puritanismo é diferente de "pureza", puritanismo é uma pureza falsa, sustentada pela Lei e não pela Graça; quem usa de puritanismo, geralmente não está plenamente resolvido, há problemas na sexualidade (feridas, traumas, pecado...). É preciso ter tranquilidade em relação a isso, se não for por medo de ser tocado(a) e não dar conta de resistir.

Os rapazes, erroneamente, pensam que todas as garotas são como eles, voltadas para o genital; profundo engano. É lógico que existem exceções, mas geralmente elas estão mais voltadas para uma relação de encantamento emocional e afetivo; se a garota faz um carinho na forma de um beijo, abraço, não quer dizer que queira ir para a cama. As garotas são psicossexualmente diferentes; e comumente acontece de o garoto não entender isso e forçar a barra com a garota.

É fundamental que haja diálogo, namoro sem o mínimo de conversa não cresce, não amadurece. No diálogo aprendemos a aceitar, acolher, descobrir no outro um semelhante, aprendemos a respeitar a dignidade e liberdade da pessoa. Através do diálogo criamos uma ponte de acesso ao universo interior do outro; com o diálogo no namoro, em lugar do silêncio, encontramos o som de um bom bate-papo, frente a frente, que gera na relação uma comunhão e evita assim que os dois se queimem no fogo do desejo.

d) "Me dê uma prova de amor"

Uma das formas e meios de o garoto obter consentimento sexual na relação por parte da garota é forçá-la a provar que o ama, entregando-se sexualmente. O garoto exige uma prova, pressionando-a, dizendo que se ela não for para a cama com ele não o ama e assim ele termina tudo. E muitas meninas, com medo da perda, e por já estarem envolvidas demais na relação, mesmo não aprovando, acabam por ceder às pressões, arrependendo-se amargamente mais tarde, pois descobrem a verdadeira intenção do garoto, que era apenas conseguir fazer sexo.

Por outro lado, existem meninas, como dizem alguns rapazes "bonitinhas, mas ordinárias", que forçam a barra, e se o garoto disser não, pode preparar-se para ser chamado de inúmeros nomes pejorativos, de forma a denegrir sua imagem e sua moral, tais como: "bicha", "maricas", "brocha"...

Imagine a situação de um rapaz que busca a santidade e a castidade? Se em ambos os casos acima citados, diante de um não, a pessoa ainda insistir, forçar a barra, usando argumentos e desculpas para justificar a pressão que faz para usufruir sexualmente, é bom pensar qual é o interesse dessa pessoa; como diz aquele velho ditado: "É melhor estar sozinho do que mal acompanhado".

Quando o rapaz tem interesse mais profundo em relação à garota, se ele a ama de verdade, expressa uma postura de não querer aproveitar-se dela; deseja protegê-la, dar atenção aos seus sentimentos, proporcionando sempre um clima feliz, vendo-a como uma futura esposa e mãe de seus filhos, sem se preocupar em perder tempo em convencê-la de fazer algo que ela não queira.

E sexo, pode? Nós nos amamos, por que não? E se usar camisinha? Ninguém vai saber!

Para início de conversa, é preciso definir o que é sexo.

e) Sexo (cromossômico, morfológico, fisiológico, psicológico)

Para entendermos o que é sexo, é preciso saber como ele se determina. Mas o que queremos saber a respeito de sexo, na verdade, seria o ato sexual em si, para a finalidade da procriação ou não. É a junção de toda a complexidade exposta acima, e algumas particularidades a mais. Dá-se pela aproximação do masculino e feminino, pela mútua atração, que os leva a uma intimidade genital, com ou sem a penetração vaginal, envolvendo os aspectos orgânicos, emocionais, psicológicos, causando sensações de prazer. Não uma mera necessidade orgânica, mas uma entrega total de ambos, acompanhada de emoções, sentimentos e amor. O sexo não é o todo, mas complementa a relação a dois; é fundamental na vida conjugal, no que diz respeito à procriação e comunhão; definitivamente não é apenas uma "transa", que distorce e vulgariza o sentido do sexo. No casamento é fusão, comunhão (amor); no matrimônio é lícito, verdadeiro, sem mácula, sem interesse, abençoado por Deus; quanto mais o casal se relaciona sexualmente, mais está santificando um ao outro.

As relações pré-conjugais não são recomendadas pela Igreja. A Igreja se posiciona dessa forma porque sabe as consequências que trazem as relações pré-conjugais; a Igreja preza a vida acima de tudo, e esta fica à mercê da inconsequência nessas relações. Essa argumentação de que "nos amamos" é furada. Entenda uma coisa: amor exige compromisso; no namoro não há nada que o assegure, não existe nenhum vínculo concreto, palpável, a não ser é lógico o emocional, mas esse por sua vez nos trai. Amor não é algo alienado, é preciso ter os pés no chão para depois não se arrepender. Mas se ocorrer o sexo antes do casamento, é preciso assumir suas consequências.

Análise: O ato sexual na relação é a intimidade mais profunda que se possa ter num relacionamento a dois, o momento em que um se dá para o outro, ambos se entregam por inteiro, "corpo e alma". Nisto completam-se, sentem-se realizados plenamente, ele como homem, ela como mulher. Mas se porventura acontece uma ruptura, uma quebra nessa relação, ele ou ela deixam de gostar, ou arrumam outra pessoa mais interessante e melhor. E ficam ressentimentos, mágoas, sentimento de perda, raiva, ódio, traumas de sexualidade, feridas emocionais, entre outras.

Vínculo não existe! Se acontece o rompimento, ficam só as lembranças de um relacionamento que foi bom enquanto durou. E as juras de amor? E a promessa de viverem juntos para sempre? O que restou foram apenas sequelas de um namoro desfeito. O ato sexual antes do namoro acarreta algumas consequências, que precisam ser assumidas!

Consequências psicológicas:

São de certa forma desastrosas e se revelam em desordem, traumas, bloqueios entre outros.

Lembro-me de uma vez que rezava para a cura interior de uma mulher e ela partilhava que durante anos de casada convivia com uma terrível dor, no momento mais profundo da relação sexual, no clímax do orgasmo, o marido a chamava por um outro nome, o nome da ex-namorada. Ele carregava sequelas de um relacionamento do passado, que não deu certo, e as transferia para o casamento, causando sofrimento para a atual mulher, e ela, por amor, sujeitava-se a essa situação. Sem falar de muitas mulheres que se realizaram plenamente nos braços de namorados passados e, por um motivo ou outro, romperam, e levam para o casamento o fantasma do "ex", para sentirem prazer com os maridos no momento do orgasmo, recorrem à lembrança do ex-namorado.

Não param por aí os casos de problemas psicológicos. Há também casos em que, devido à frequência de troca de parceiras na vida de solteiro, é provável que o homem que se case leve para o matrimônio um comportamento predisposto à infidelidade. Não se trata, muitas vezes, de uma dependência física, mas psíquica, pois não vai contentar-se em estar somente com uma pessoa, tendo um comportamento obsessivo.

Seria uma incoerência resumir os prováveis danos psicológicos apenas a esses citados, pois cada indivíduo reage de uma forma, as percepções são variadas, não há como prever as reações e sequelas; sabe-se apenas que não são poucas e acompanham o indivíduo ao longo da vida.

Consequências físicas:

As consequências físicas são as mais comentadas e as mais fáceis de serem percebidas. Normalmente, dependendo do caso, podem alterar a rotina do casal ou de uma pessoa em particular. É conveniente citar alguns problemas que podem surgir pelo uso incorreto da sexualidade.

* *Encomenda não esperada.* Fatalmente pode acontecer uma gravidez não planejada, mesmo diante de inúmeros métodos anticonceptivos; os jovens que não optam pela castidade não se preocupam nem se protegem, tornando-se precocemente mães e pais solteiros. Geralmente, nunca estão preparados para receber uma criança; há muitas coisas ainda a se fazer: os estudos não terminaram, não estão trabalhando, não são independentes e não estão suficientemente maduros para assumirem a responsabilidade de cuidar de uma outra pessoa, pois na verdade não conseguem cuidar nem de si mesmos. A criança não pede para vir ao mundo, mas quando vem, precisa no mínimo de uma família, de um ambiente que a acolha, proteja, que seja estável; a realidade, porém, mostra-nos situações inusitadas: abortar para livrar-se desse problema, esquecendo que esse problema possui vida.

Acontece também, como vemos muito, de os pais forçarem os jovens a se casarem para repararem o erro, não percebendo que eles apenas estão adiando o problema, e o casamento não durará muito tempo. Nessa situação, normalmente o rapaz abandona a garota que por descuido engravidou, deixando a responsabilidade somente para a mãe-menina. Sem falar do constrangimento de ser vista como mãe solteira, numa sociedade em que somente o erro é observado. Uma sociedade que condena, fala mal, despreza e não faz o que seria mais importante, isto é, *amar* a pessoa, não esquecendo que ela é vítima do próprio erro e antes de tudo é filha de Deus, que precisa de ajuda e não de condenação.

Há também algumas meninas que pensam que ficando grávidas irão segurar o namorado na relação. Decididamente criança não pode fazer esse papel de seguro contra perdas e danos, a incompetência de alguns não pode ser transferida para uma criança inocente. Há, porém, finais felizes em que o casal assume a responsabilidade de seus atos.

DSTs. Por não ter um namoro cristão, que tem por opção a castidade e a santidade, o namoro do mundão vive perigosamente o risco de o casal contrair doenças sexualmente transmissíveis (DSTs), conhecidas como doenças venéreas (gonorréia, sífilis... entre outras). Nas relações sexuais sem compromisso ocorre a troca constante de parceiros, o sistema de "rodízio" é grande e, muitas vezes, os jovens transam sem os devidos cuidados, correndo o risco de contrair essas doenças e de fatalmente contrair o vírus HIV (Vírus da Imunodeficiência Humana).

Lembro-me que fui chamado para rezar para uma garota, no auge de seus 20 e poucos anos, que tinha contraído o vírus da AIDS (Síndrome da Imunodeficiência Adquirida) de seu próprio namorado. A família estava revoltada, o namorado tinha sumido, o pai foi atrás querendo e jurando vingança; encontrou-o no leito de um hospital, em fase terminal da doença, não pôde nem teve coragem de fazer nada, sua sentença já estava declarada: a morte!

A imagem que mais ficou gravada em minha memória foi chegar à casa daquela jovem e vê-la num estado deprimente, ela estava desfigurada pela doença, a alegria já não existia em seu olhar, a juventude, dia após dia, estava sendo sugada pela doença, e o viver para ela era uma constante dor, por saber que caminhava em direção à morte. A depressão e as lágrimas tornaram-se suas amigas, pois os amigos já não os tinha, a família toda estava também doente porque convivia com o fantasma do vírus. A arma que ela e o namorado usaram para se defender de doenças ou gravidez no namoro foi a camisinha (preservativo), mas o tiro saiu pela culatra, as balas foram de festim e nesse jogo a vida foi o alvo.

Depois que rezei, constatei a tristeza da garota por não ter vivido um namoro santo, ela que tinha conhecido a Deus, mas não optou pela castidade e santidade, e os frutos plantados por ela mesma foram de morte. É lamentável, pois só descobriu isso muito tarde. Saí de sua casa com a convicção de que a maior garantia nos dias de hoje, sexualmente falando, não é a "camisinha", e sim a Castidade e a Santidade.

f) É melhor experimentar antes para não se arrepender

Essa justificativa de querer experimentar antes, um tanto racional, é compreensível.

Mas será que é tão bem intencionada assim? Na verdade, é uma desculpa de famosos "espertinhos", quando a intenção no fundo é só aproveitar-se da situação. É também ridículo o rapaz tirar por base uma única relação, julgá-la e colocá-la como determinante das outras relações: "Esta foi ruim, então todas serão". Não podemos esquecer que a primeira relação para a mulher, seja ela casada ou não, não é tão boa, pois geralmente é acompanhada de muitas variáveis que podem interferir para que a relação seja satisfatória de fato. É preciso levar em conta a timidez, a vergonha de se mostrar para alguém que mesmo conhecido, sexualmente lhe é estranho. Há o nervosismo, ou o lugar talvez seja inadequado, causando insegurança e medo, ansiedade, entre outros fatores psicológicos, que podem interferir no orgânico. Por exemplo: uma não lubrificação vaginal, propiciando uma relação sexual desconfortante e até dolorida, isso ocorrendo mesmo quando há um consentimento por parte da mulher. Agora, imaginem quando esta, devido às pressões e cobranças do rapaz e por medo de perdê-lo, sujeita-se a manter essa relação?

O bom desempenho e a satisfação sexual se dão pela convivência, companheirismo, cumplicidade, dia após dia; um aprendizado que não acontece da noite para o dia, principalmente para a mulher, que dá mais importância para o emocional e sentimental. Nesse sentido, a melhor situação para isso acontecer é, indiscutivelmente, o matrimônio.

g) Quando a relação só gira em torno do sexo

Um grave desequilíbrio se a relação limita-se e volta-se exclusivamente para o sexo, desvalorizando outros valores existentes no namoro, valores estes que perduram por mais tempo que o sexo em si. O sexo é decorrência de toda uma história do casal, é o fechamento e não o início da relação. Namoro assim só dá certo na cama, fora dela é uma constante guerra de desentendimento. Sexo é um complemento e não um todo na relação.

Se a relação só gira em torno do sexo, leva-se isso para o casamento, e mais cedo ou mais tarde o casal vai deparar-se com uma incompatibilidade, porque desejo sexual não dura para sempre, apetite não é eterno. Quando o desempenho sexual do homem diminui em função da idade, se a mulher de repente se torna menos interessada; ou se a mulher perde o interesse devido às interferências do meio, como problemas emocionais, no trabalho, ou biológicos, de natureza hormonal... A primeira atitude que muitos maridos tomam é procurar outra mulher (amante), numa relação extraconjugal; provavelmente, uma mulher mais nova, para suprir suas necessidades e também para autoafirmar sua masculinidade. Se é o homem que perde o desempenho sexual, não dá mais conta do recado sexualmente, é comum também algumas mulheres adotarem "garotos", em pleno vigor físico, com a virilidade à flor da pele, para "amamentá-los"... Não que sejam apenas estes os motivos para uma separação, mas é de se pensar, pois temos visto muitos casos assim.

A relação do casal é muito mais que sexo. Percebemos no namoro, quando não há presença de relação sexual, que com o passar do tempo, no desenrolar da relação de namoro, é possível concluir que a pessoa que namoramos está realmente levando a sério, e acima de tudo vendo o outro não como objeto, mas como um todo, como alguém especial que merece respeito. Afinal de contas, o "feijão e o arroz", que se vai comer todos os dias no casamento, são o que sustenta e não a sobremesa; ela é deliciosa, sim, mas apenas complementa.

Pôr em ordem a bagunça da área fisiológica no namoro não é fácil, exige sacrifícios, esforços, persistência, privações e, às vezes, dói, machuca, e é preciso, essencialmente, ter coragem de enfrentar as consequências. Tenha clareza de uma coisa, a liberdade que Deus nos dá Ele não tira; temos a liberdade de escolher o que é bom ou ruim para nós, esta estrada é de mão dupla, ou você opta por um namoro santo ou não, assumindo um ou outro terá de assumir também suas consequências. Se resolve não optar pela santidade e castidade no namoro assuma também as consequências de uma provável gravidez, das doenças venéreas e fatalmente da AIDS, que poderão aparecer no emaranhado da fornicação, as frustrações, decepções e todos os frutos de sua escolha. Se decidir pela santidade e castidade, também não estará isento das consequências, como: críticas, motivo de piada para muitos, ser rotulado de quadrado, fanático, alienado... e até diminuído como pessoa, por fugir dos padrões vividos pela sociedade, caluniado; porão em dúvida sua postura santa, ferirão sua masculinidade ou feminilidade, tentando muitas vezes colocar você à prova, seu brio e orgulho serão desafiados.

"Bem-aventurados os que são perseguidos por causa da justiça, porque deles é o reino dos céus!" (Mt 5,10).

"Bem-aventurados sereis quando vos caluniarem, quando vos perseguirem e disserem falsamente todo mal contra vós por causa de mim. Alegrai-vos e exultai, porque será grande vossa recompensa nos céus, pois assim perseguiram os profetas que vieram antes de vós" (Mt 5,11-12). A liberdade é nossa, ninguém a tira, mas nós a temos usado como arma de salvação ou como arma de morte? "Pelo fruto de tuas mãos, colherás." A escolha é particularmente nossa: deixar bagunçada essa área ou organizá-la, santificando-a e consagrando-a ao senhorio de Jesus.

3. Arrumando a área emocional
"São tantas emoções!"

São muitas as emoções mesmo! E geralmente bagunçadas e desordenadas!

Os namorados encontram-se quase sempre confusos, perdidos, inseguros, quando o assunto são as emoções; é uma área cheia de conflitos, ciúmes, brigas... gerando crises. É muitas vezes difícil entender essas emoções, pois na situação de namoro a participação não é apenas de um, mas são dois corações que compartilham afetos, sentimentos, conflitos, nada fáceis de lidar sozinho; imaginem como se torna complicado quando somado a outro.

Nesta área, é bom que se tenha passado pelo "Descansar em Deus", antes do namoro (mas não é regra). É nesse momento que fazemos algo de extrema importância, uma viagem interior ao nosso eu, à nossa história interior, às nossas particularidades, conhecendo-nos de forma mais íntima e pessoal, entendendo-nos a nós mesmos; o que pulsa em nosso coração, quais os sentimentos e emoções, feridas...

E, com a ajuda do Senhor, redescobrir como sou, para melhor relacionar-me comigo e mais tarde com a pessoa amada. É um processo em que, ao me descobrir, começo a entender melhor o que se passa em âmbito de emoções e sentimentos no coração, evitando atropelos no namoro. Isso vale também na hora de se iniciar um namoro. Quando a pessoa não se conhece, não tem clareza do que sente, é o que acontece com muitos jovens, acabam de conhecer alguém, estabelecem uma relação de amizade e, antes que essa amizade amadureça, já estão namorando, sem ao menos darem conta do que estão sentindo um pelo outro. E quando descobrem o que realmente sentem, vêm as feridas e as desilusões...

Eles misturam afinidade com atração, paixão com amor, amizade com namoro, entre outras confusões, sem falar da tamanha carência afetivo/emocional, que vem por trás de tudo isso. Colocam tudo a perder desde do início, meio e fim do namoro.

Deus criou o homem e a mulher à sua imagem e semelhança e deu-lhes uma alma, e esta por sua vez é sede da afetividade humana, tornando-nos diferenciados dos animais. Temos um coração (alma) carregado de afetos, emoções e sentimentos. A afetividade é cúmplice da sexualidade, não se pode falar de sexualidade esquecendo-se da afetividade, pois ambas interagem.

E são as nossas emoções, afetos e sentimentos que dão um tempero a nossa vida, que a torna fascinante; elas são como estímulos para a alma. Só é possível compreender nosso comportamento na família, no trabalho, na escola, no namoro, observando os afetos inseridos em nós.

Quando nascemos, somos expostos a diversas situações e a inúmeros estímulos e, através de nossos sentidos (tato, paladar, olfato, visão e audição), esses estímulos chegam a nosso interior recebendo, por consequência, significados, dando-nos uma compreensão em relação a eles.

Para arrumar a bagunça, é preciso identificar o que existe nela; para pôr em ordem tudo o que se refere à área emocional, é preciso identificar e entender alguns detalhes para ir organizando a vida afetiva. É simples? Não. No namoro está em jogo muita coisa, como as brigas, os ciúmes, cara feia, sentimentos, afetos... Então vamos lá!

a) Escancarando o coração

"O coração tem razões que a própria razão desconhece."

Sem dúvida o coração às vezes fala mais alto, tem vontade própria, supera a razão com suas argumentações emotivas, que fazem calar a voz da razão, e com razão muitas vezes, mas precisa fundamentalmente estar sob domínio e equilíbrio, para não acontecerem excessos, causando prejuízos nas relações estabelecidas.

Quando chega a paixão, o coração fica cego, na maioria das vezes, e quando é amor não sabe o que fazer, não o compreende.

O emocional gira em torno do coração, com a ajuda da psique. Quando falo coração, não me refiro ao músculo, mas à sede das emoções que o coração simboliza e é preciso conhecer o que há dentro do coração, ou seja, suas razões. Muitas vezes, estamos sujeitos ao compasso do coração, nos envolvemos com emoções, sentimentos que nem compreendemos, que mudam nosso comportamento, que influenciam nossas atitudes, que em certos momentos são fatores que determinam que decisões tomar.

Mas o que tem a ver isso? Tudo.

Quando nos abrimos para conhecer um pouco esse coração, o que na verdade está dentro dele, passamos a entender as causas de nossas carências, da solidão, das insatisfações, dos medos, da alegria e toda a mala cheia de coisas existentes nele. Isso tudo é o quê? Emoções e sentimentos. Quantas bobagens fizemos e fazemos, quantas besteiras, justamente por não sabermos o que está dentro desse "danado" coração.

b) Emoções e sentimentos: expressões afetivas

As emoções são expressões afetivas que surgem de uma motivação externa, de um acontecimento, de uma situação vivida no momento presente ou não, uma experiência sentida que leva a expressar emoções, como medo, alegria, expressões faciais... Normalmente, essas emoções são acompanhadas de uma reação orgânica. Por exemplo, quando ouço uma música, e esta me faz recordar algo vivenciado por mim, logo vêm à tona emoções como: tristeza, dor, saudade e, por consequência, com essas emoções, surgem as reações orgânicas: choro, lágrimas, angústia...

É fácil entender emoções quando nos colocamos na situação, e uma que é marcante, por causar um excesso de ansiedade, é o Vestibular para a Universidade; o jovens que o digam. Eles vivem na pele as emoções que não são poucas, sem falar as reações orgânicas, a pressão psicológica de ter de passar no vestibular, o medo das provas, o sentir-se impotente, diante de tanta concorrência, a insegurança, na hora de responder às questões da prova, e a isso tudo juntando as reações orgânicas como: sudorese, choro, amnésia momentânea, angústia, dor de cabeça, dor no estômago, entre outros.

E quando falamos de namoro, fica claro o que são emoções, pois no namoro elas são vividas de forma mais intensa, principalmente quando é paixão.

As emoções fortes normalmente são expressas nitidamente em batimentos cardíacos acelerados, talvez seja a origem de se achar que o coração é fonte das emoções, e acreditou-se por muito tempo que sim, por isso o coração acabou por se tornar o símbolo das emoções, e tudo o que se refere à paixão e ao amor tem como símbolo o coração. As emoções são enormes fontes de tensão em nosso organismo e este responde com descargas emocionais; é mais ou menos assim: se estou triste, o que aliviará minha tensão pela tristeza será o choro, se estou alegre, vou descarregar essa alegria num sorriso ou numa boa gargalhada.

Não se deve reprimir as emoções, por exemplo: "Homem não chora", fazendo-se de forte o tempo todo, insensível a tudo; tampouco se deve abusar delas, fazendo tudo ao sabor das emoções. É preciso dosá-las, equilibrá-las, senti-las de maneira tranquila. As emoções têm um papel fundamental no namoro, pois ajudam a verbalizar, a dizer ao outro o que se passa em nosso coração, o que estamos sentindo.

Nas declarações de amor feitas pelos apaixonados, tão recheadas de emoções, os românticos, os poetas transmitem aquilo que sentem, aquilo de que o coração está cheio: Emoções. Escancarando em seus escritos poéticos, em suas letras apaixonadas, a emoção.

Os sentimentos, assim como as emoções, são manifestações de nossos afetos básicos: Amor e ódio (o que me agrada, o que não me agrada, gostar ou não gostar), que estão presentes em nossa vida afetiva. E esses dois afetos se expressam como sentimentos que são diferentes das emoções; no caso dos sentimentos, eles também surgem e acontecem acompanhados de reações orgânicas, mas não de forma intensa como as emoções e, na maioria dos casos, essas reações orgânicas nem acontecem. Nos sentimentos é observado que eles são menos "explosivos", menos "empolgados", como acontece nas emoções, eles são mais duradouros, podem ser sentimentos bons ou ruins, e surgem na relação amadurecida, principalmente relações em que o amor está presente e, sem nenhuma pretensão, dizer: "Eternos", como o amor que Deus tem por nós:

"Porque és precioso aos meus olhos, porque eu te aprecio e te amo, permuto reinos por ti, entrego nações em troca de ti" (Is 43,4).

Se por um lado vemos que as emoções estão mais para a paixão, os sentimentos predominam mais no amor. Mas, afinal de contas, o que é paixão? O que é amor? Quando é um? Quando é outro? Ou são a mesma coisa?

c) Paixão x Amor
Paixão: "Sentimento ou emoção levados a um alto grau de intensidade, sobrepondo-se à lucidez e à razão... Inclinação afetiva e sensual intensa, afeto dominador e cego, obsessão, entusiasmo muito vivo por alguma coisa" (Dicionário Aurélio Básico da Língua Portuguesa).

Essa definição nos dá uma noção clara do que é paixão: as emoções são preponderantes, mais evidentes, ficamos como que em êxtase, perdemos, em alguns casos, o bom senso diante da relação, o que sentimos nos domina e controla, nos tornamos cegos, os amigos ou os pais falam que ficamos até "babando de paixão", chega a um ponto de perdermos o equilíbrio, quando a paixão se torna nociva. Ela é muito volúvel, transitória, passageira, superficial, inconstante, fascinante, imediatista...

Quem nunca ficou apaixonado(a), de "queixo caído" e de "boca aberta" por alguém?

Alguns perdem noites de sono, de tanto pensar na pessoa amada, ou fazem loucuras apaixonadas; não há como mentir, todos de um jeito ou de outro experimentaram ou irão experimentar a tal paixão, ficando iludidos, achando que é amor e na verdade não passa de um pseudoamor, ou seja, parece mas não é . E o que é amor?

Amor: Essa palavra foi ao longo dos anos perdendo seu aspecto original, foi sendo deturpada, modificada, distorcida, banalizada, generalizada e confundida com ideias erradas a respeito do que verdadeiramente é o amor.

"Eu a amo" ficou muito comum, eu amo o periquito, papagaio, o cachorro, a Tia Joana, o Tio João, tudo virou motivo de estar amando; uns dizem até "faço amor", quando na verdade estão fazendo sexo, talvez com amor, mas sexo não é definitivamente amor; outros matam em nome do amor, com uma desculpa esfarrapada para seus atos, jogando a culpa no amor. Com isso, nessa confusão de amores, nós nos perdemos, e seu significado real está distante daquilo que achamos que ele seja; sabemos que existe mas, diante de tantas coisas intituladas de amor, torna-se difícil encontrá-lo e identificá-lo como verdadeiro; talvez este seja o motivo de muitas pessoas estarem desacreditadas, decepcionadas pelo amor, pois investiram suas vidas naquilo que de amor só tinha o nome.

Amor é muito mais que sexo, muito mais que palavras, gostar, apaixonar, querer bem... é isso também, mas supera todas essas e outras coisas. Tentei buscar uma definição, que mais aproximasse daquilo que possa ser o amor, e acabei encontrando na Sagrada Escritura, inspirada por Deus, o que é Amor (1Jo 4,16), na Carta do Apóstolo Paulo aos Coríntios:

"Excelência do Amor"
"Ainda que eu falasse as línguas dos homens e dos anjos, se não tiver Amor, sou como o bronze que soa, ou como o címbalo que retine. Mesmo que eu tivesse o dom da profecia, e conhecesse todos os mistérios e toda a ciência; mesmo que tivesse toda a fé, a ponto de transportar montanhas, se não tiver Amor, não sou nada. Ainda que distribuísse todos os meus bens em sustento dos pobres, e ainda que entregasse o meu corpo para ser queimado, se não tiver Amor, de nada valeria!

O Amor é paciente, o Amor é bondoso. Não tem inveja. O Amor não é orgulhoso. Não é arrogante. Nem escandaloso. Não busca os seus próprios interesses, não se irrita, não guarda rancor. Não se alegra com a injustiça, mas se rejubila com a verdade. Tudo desculpa, tudo crê, tudo espera, tudo suporta. O Amor jamais acabará" (1Cor 13ss).

E complementando o que é Amor, o Papa João Paulo II diz: *"O coração é a abertura de todo o ser à existência dos outros, a capacidade de os adivinhar, de os compreender. Amar é essencialmente dar-se ao outros. Longe de ser uma inclinação instintiva, o amor é uma decisão consciente da vontade de ir até os outros. Para podermos amar em verdade, é necessário desligar-nos de muitas coisas e sobretudo de nós mesmos, dar gratuitamente, amar até o fim. Esse despojar-se de si mesmo, tarefa demorada e repousante, é fonte de equilíbrio. Ela é o segredo da felicidade"* (Mensagem aos Jovens da França).

A partir disso tudo que acabamos de descobrir sobre o que é o amor, podemos chegar a uma conclusão: O homem só se realizará plenamente e será feliz quando se realizar no Amor, aí valerá a pena. E o que isso tem a ver com o namoro? Tudo. Principalmente, se esse amor for o ágape, que para os gregos é o amor de Deus, desprendido, puro, e todas as qualidades faladas no texto acima "A Excelência do Amor". Esse amor *ágape* sendo base para o amor *eros*, que é o amor entre homem e mulher, é a atração, o desejo sexual, sensual, erótico, a paixão... que juntamente com o amor *philio*, que é o amor de laços de amizade, fraternidade, afeição... juntando todas essas facetas do amor, têm-se o amor ideal, o todo do Amor na relação do namoro.

A relação de namoro, e futuramente de casados, só sobreviverá se nela o Amor estiver presente, acompanhado de suas facetas. Talvez essa seja a chave de um relacionamento feliz e duradouro: viver as três dimensões do Amor. Os relacionamentos se desfazem, acabam, não dão certo, porque os casais vivem o Amor pela metade e o ideal é vivê-lo integralmente. Não se pode estar juntos apenas ligados pelo Amor Eros: a sensualidade, o desejo e a atração sexual, pois isso é muito superficial e é nesse momento que entra o Amor Philio que junta tudo isso, conduzindo o casal à amizade, à intimidade profunda, ao conhecimento recíproco, ao companheirismo, à partilha; levando os amantes a não só serem amantes mas também amigos. Por fim, entra o Amor Ágape, que vem para dar manutenção, completar, harmonizar, nutrir, renovar a relação. Nenhuma das três dimensões sozinha se basta para sustentar a relação, todas estão correlacionadas, dependentes umas das outras.

É de conhecimento de todos que as formas de compreensão, de percepção, de comportar-se diante das emoções e dos sentimentos são diferentes nos homens e nas mulheres. Elas são mais emotivas, sensíveis, afetuosas e lidam com as emoções de forma mais aberta, já os homens têm um grau de dificuldade, no que diz respeito a expressar as emoções e os sentimentos; é bom deixar bem claro que o fator de maior influência nessa postura diferente é o aspecto sociocultural.

d) Aprendendo a diferenciar os sintomas

O ideal para o namoro é que ele seja construído, nutrido, que suas paredes sejam levantadas numa base forte e sólida. A paixão não serviria, por ser muito inconstante e frágil, em âmbito de formação de laços afetivos. A paixão pode até servir na relação como ponte para o amor (muitas vezes ela é essa ponte), mas se ela não corresponder e não levar para que o amor aconteça, a relação não cresce, não amadurece e por consequência acaba morrendo. "Paixão tem prazo de validade", com o tempo vence! Precisamos aprender a diferenciar a Paixão do Amor, para conduzir nosso namoro da melhor forma possível; não pense que a paixão é toda ruim, não, ela só precisa ser aproveitada como ponte para o Amor. Citarei alguns casos típicos, para podermos diferenciar e saber se o namoro está sendo edificado na base forte do Amor.

"Aquele, pois, que ouve estas palavras e as põe em prática é semelhante a um homem prudente, que edificou sua casa sobre a rocha. Caiu a chuva, vieram as enchentes, sopravam os ventos e investiram contra aquela casa: ela, porém, não caiu, porque estava edificada na rocha (Amor)" (Mt 7,24ss).

e) Luzes, câmaras, ação...

De repente, estão os dois andando na rua, vindos de direções opostas; ela, com livros nas mãos, distraída; ele, andando em direção a ela sem perceber o que os aguarda e, então, sem saber como, os dois se esbarram e, como consequência, os livros caem ao chão e ele, desconcertado, lhe pede desculpas, ajuda-a a recolher os livros espalhados no chão e por um instante seus olhares se cruzam... O tempo para, as luzes se acendem, uma música romântica de fundo surge reforçando o clima, o coração acelera, ou melhor, dispara, a respiração aumenta; naquele momento estão "amando", "amor à primeira vista", ou seria à primeira esbarrada?

Nenhuma das alternativas, é paixão mesmo. E a paixão tem essa característica de surgir de forma inusitada, instantânea, súbita, envolvente, e o encantamento é mútuo, os olhos brilham, apesar de não saberem nada um do outro, apenas sabem e contentam-se com aquilo que pode ser visto e apreciado de forma superficial da primeira impressão, e isso não pode ser classificado como amor; amor exige tempo, conhecimento de ambas as partes, estabelecer uma relação profunda; as primeiras impressões podem ser falsas e nos enganar. Nós não podemos tirar conclusões daquilo que sentimos, no caso, estar amando de uma hora para outra, ou melhor, de um minuto para o outro; a coisa é muito mais séria do que imaginamos, podendo repercutir no futuro. As complicações, as decepções, as desilusões acontecem no namoro porque tiramos conclusões da primeira impressão que tivemos da pessoa. Ela conta e influencia, sim, mas não é um fator determinante.

Muitos jovens, rapazes e moças ficam desesperados, porque conheceram uma pessoa numa festa ou sei lá onde, dizendo estar apaixonados, uns chegam até a dizer "amando", que precisam rezar, discernir se é isso mesmo, querem conselhos de como chegar até a pessoa e falar... Houve um rapaz que me procurou mais de três vezes, e a cada vez estava gostando de uma menina diferente; precisamos estar atentos ao que estamos sentindo; é preciso amadurecer esse sentimento no coração e com certeza o tempo nos dará a resposta, para não ficarmos como "macacos": pulando de galho em galho, ou ciscando de um lado para outro, parecendo "galinha" (talvez essa expressão "galinha" tenha surgido daí).

Quando se trata de grupo de jovens, na Igreja, que não tenha um assessor adulto para orientar, é uma "bagunça", e vira um gostar meio desenfreado na moçada: o fulano que está gostando da fulana, mas a fulana gosta do sicrano, mas o sicrano fica com a beltrana e a beltrana que chora pelo fulano, que não gosta dela porque gosta da... Deus é um Deus da paz e da santa ordem; se acontece dessa forma, há sem dúvida dedo humano nessa história, e principalmente carregado de carências.

f) Viver grudados

Quando falo de "viver grudados" no namoro, é até de certa forma engraçado, porque a verdade é esta, há casais que são como "chicletes", um grudado no outro, ninguém sabe quem é quem, vira um misto, é o famoso "Casal Chiclete". Fico preocupado pensando como conseguem respirar, se ficam juntos sempre, estão atrelados no pescoço um do outro, se estiverem longe fisicamente, com certeza, lá estão eles dependurados no telefone (matando a saudade). Eles têm a necessidade extrema de estarem juntos, e esse processo acontece de manhã, à tarde, à noite... o tempo todo é momento para estarem grudados, não dão trégua. Onde quer que se encontrem, estão "grudados", aquela coisa de "unidos venceremos!"

Aparentemente parece lindo, não é? Que casal romântico! Foram feitos um para o outro!

A experiência prova o contrário, a princípio o efeito "chiclete" parece ótimo, confunde-se com sinais de amor, mas é como acontece quando mastigamos um chiclete, no início ele se apresenta doce, de um sabor agradável, delicioso, mas, com o passar do tempo, ele vai perdendo o sabor, o gosto, e vai ficando sem graça e consequentemente nós o jogamos fora. Não é assim?

Talvez a comparação seja meio infantil, mas aproxima-se muito da realidade que vemos em muitos namoros. Geralmente acontece isto: o casal investe tanto no namoro, de forma compulsiva, e quando percebem um invadiu o espaço e a privacidade do outro; a princípio o ficar colado é gostoso, mas depois vai tornando-se sufocante, causando o efeito contrário: antes colados, grudados, agora separados, afastados, isso tudo porque percebem que perderam a individualidade, a privacidade, a liberdade, o espaço, tentam resgatar essas perdas fazendo o quê?

Terminando com a relação, rompendo com o namoro e, consequentemente, uma das partes sofrerá muito pois, nessa relação, criou-se o fator dependência. Todos nós, mesmo namorando, precisamos ter nossa individualidade, nosso espaço reservado e preservado, que é algo ímpar em nossa vida. É essa privacidade que nos orienta, que faz cada um de nós perceber o que nos cerca, que os outros não são um prolongamento de nós, mas o outro tem sua singularidade individual. Viver "grudados" não significa estar amando, talvez por trás dessa atitude esteja uma profunda carência afetiva ou um problema emocional, levando à predisposição de ficar "doentes de amor".

g) Doentes de amor

É provável que muitos tenham ouvido essa expressão "doentes de amor" ou até mesmo tenham passado por essa situação de "doença" ou tenham alguém da família nessa condição.

O doente se apresenta num alto nível de ansiedade, perda de apetite, melancolia, tristeza, autoestima em baixa, emagrecimento, depressão... Esse quadro surge e se agrava nitidamente quando acontece um desentendimento entre o casal. Quantos pais ficam preocupados quando os filhos se trancam no quarto e ficam horas por lá, sem comer, sem beber, muitas vezes chorando, como se a vida não tivesse mais sentido! Esses casos são mais evidentes com as mulheres; elas são mais sujeitas a ficarem "doentes de amor", por serem mais emotivas que os homens, dependendo do caso, acontecem até suicídios.

As pessoas que ficam "doentes de amor", na verdade, estão doentes mesmo, e amor que é bom está bem distante, longe; sem dúvida alguma, isso não é sinal de amor, o ideal é trocar para "doentes de paixão". Seria bom uma conversa com alguém que possa ajudar com oração de cura interior ou um psicólogo que leve essa pessoa a tirar o foco de sua atenção da pessoa amada, que é a causa da doença, fazendo com que ela volte para si, recuperando a autoestima, o amor-próprio.

O amor não gera esse quadro doentio, levando para uma situação que venha a prejudicar alguém no relacionamento, mas faz o contrário: apresenta uma melhora significativa para quem está amando, o ânimo aumenta, a alegria, a vontade de viver, a autoestima, ou seja, ela fica de bem com a vida, assim um dos efeitos do amor é renovar, transformar, trazer vitalidade, felicidade...

São lamentáveis os vários casos, para os quais rezei, de rapazes e moças que se encontravam nesse quadro de "doente de paixão"; muitos se apresentavam num estado alto de depressão, a vida para eles já não tinha mais sentido, nada mais lhes agradava ou importava. No início de minha caminhada de Renovação, chegou até mim a mãe desesperada, dizendo-me que seu filho tinha terminado o namoro de alguns anos, a pedido da namorada, e que com isso o rapaz tinha entrado num processo de depressão, a ponto de não querer comer, beber, trabalhar, estudar... Resumindo, não se importava mais com a vida, ele que era jovem e tinha uma vida pela frente.

Lá fui eu rezar para o rapaz. Como isso já faz algum tempo, só me lembro que estava no trabalho e, como não havia lugar para rezar com ele ali, fomos ele, sua mãe e eu para o carro deles, que se encontrava estacionado próximo ao local; quando chegamos lá, sua mãe ficou no banco de trás rezando o terço e o rapaz e eu no banco da frente... Resumindo, depois da oração estavam os três chorando dentro de um carro, numa tarde de intenso calor, pois o sol estava muito forte, em meio a um estacionamento lotado; a mãe chorava pela libertação do filho da tal doença, o rapaz por ter descoberto que Deus o amava e que por isso nem tudo estava perdido, eu por ter sido colocado na vida daquelas pessoas como Moisés a intervir, pela oração, na história de vida, em especial do rapaz, que como ele mesmo confirmou, tinha o desejo de suicidar-se.

Muitos casos se tornam patológicos (doença), podem aparecer outros graves problemas de saúde; quando há um rompimento na relação, algumas pessoas perdem peso, o ânimo, a motivação, e umas perdem até a dignidade, e fazem de tudo para conseguirem de volta o amado, e se perderam; reconheçamos, nunca o tiveram. Amor é sinal de vida e não de morte. O amor constrói e não destrói.

Quando amamos, mesmo nas perdas, o amor nos ensina a aprender, a ganhar.

A doença surge porque não estamos fortes de anticorpos do amor.

h) Cegos, surdos e mudos

Essas três situações no namoro são evidentes, mas elas não acontecem necessariamente nessa ordem: ora ficamos cegos, pois é conveniente que fiquemos assim, ora nos portamos como surdos, não ouvimos aquilo que é preciso ouvir, ora nos posicionamos como mudos, calamos por medo de falar o que é preciso ser dito, e há ocasiões em que nos servimos das três, nos fazemos de "cegos, surdos e mudos".

Quantos de nós já não praticamos ou ainda usamos esses recursos ou mecanismos de defesa para camuflar algo na relação de namoro? Quantas vezes ficamos surdos, cegos e mudos diante do(a) namorado(a)? Perdemos a conta! Mas, por que agimos assim? Seria Paixão ou Amor? Amor não é, o Amor verdadeiro não se manifesta e nem é expressado dessa forma. Podemos observar essas pseudodeficiências com maior intensidade na paixão, não que o amor esteja isento delas, mas nele elas acontecem de forma menos intensa.

Quando estamos apaixonados, ficamos cegos, parcialmente ou integralmente, isso dependerá de como iremos lidar com essa cegueira e para que fins vamos utilizá-la. Não enxergamos o que está a um palmo de distância do nosso nariz, o óbvio, o que está na cara, e o namoro caminha na escuridão de quem não enxerga e de quem fecha os olhos para não ver a realidade, porque talvez doa muito, cause decepção, tristeza, sofrimento.

Muitas vezes, não queremos ver por exemplo que o(a) namorado(a) tem defeitos, vícios, e que na verdade ele(a) não é a pessoa ideal, que suas qualidades são poucas, que o príncipe ou a princesa dos sonhos estão mais para pesadelos. Sabemos que essa verdade irá nos machucar, então frente a essa realidade cruel escolhemos a condição de "cegos", tapamos os olhos para um futuro, certamente com consequências gravíssimas, tanto para o relacionamento no namoro, quanto para um casamento, se chegar até lá. Temos também a "surdez", que surge para mascarar o namoro de forma semelhante à cegueira, na qual fazemos "vistas grossas". Com o escutar não é diferente, escutamos somente o que nos interessa, o que soa agradável aos nossos ouvidos, de maneira doce, não é verdade? Preferimos ouvir juras de amor, frases românticas e apaixonadas do que algo que venha ferir ou machucar, como por exemplo, alguém dizer-nos que estamos errados e precisamos melhorar, pois não somos tão perfeitos como achamos que somos.

É como se nossos ouvidos estivessem programados apenas para ouvir coisas boas; as más notícias não são permitidas, o "programa" não aceita. Conhece aquela frase: "Entra por um ouvido e sai pelo outro"? É a senha que mais usamos nesses casos de surdez. Temos medo de escutar, principalmente se o que temos para escutar vai refletir no namoro, podendo causar a separação, a decepção, o rompimento; sem falar na surdez que inventamos frente à razão que insiste em falar. No entanto, temos ouvidos abertos mais para as emoções, pois elas são motivos de prazer, enquanto a razão está para estabelecer limites, regras.

Há as situações em que ficamos mudos, nos calamos, engolimos a "seco" o que vemos e ouvimos, não falamos por medo de que as nossas palavras nos traiam e revelem a todos o que pensamos de fato, ou então porque essa mesma palavra pode vir a causar briga, confusão, e por receio de sermos incompreendidos, rejeitados, preferimos ficar mudos. A pessoa que se cala sofre com isso, pois se anula e conserva no coração palavras não ditas e todo o sentimento de não ser ela mesma; deixa passar despercebido algo que é primordial no namoro: o diálogo.

O namoro que caminha na cegueira, surdez e mudez é um namoro destinado ao fracasso, onde a mentira, a hipocrisia, o recalque são reforçados pelo medo, e onde prevalecem mais que o diálogo, a verdade, o amor.

i) Fazendo tempestade num copo d'água

Talvez você não esteja entendendo mas é isso mesmo. Há namorados que vivem em constante tempestade, com ventos fortes a derrubar tudo que se encontra pela frente, inclusive o respeito; chuvas torrenciais de arrasar tudo, principalmente o relacionamento, e ironicamente essa tempestade, muitas vezes, vem de um copo d'água. Quanta força!

Que quero dizer com isso? É tamanha a frequência de brigas, discussões, desentendimentos, ofensas nas relações estabelecidas no namoro de muitos casais, que por motivos banais e insignificantes partem para a briga, parecendo cão e gato. Quando falo "Fazer tempestade num copo d'água" é justamente isto: tudo é pretexto para brigas e elas surgem principalmente de motivos que, se fossemos parar para pensar, não passam de idiotices, ou de vontades não atendidas, que poderiam ser resolvidas de maneira menos tempestuosa, evitando-se com isso um grande número de problemas.

Há casais de namorados que fazem das discussões e das brigas sua diversão. Se estão namorando entre beijos, abraços e juras de amor, não sabemos como e por que de repente o tempo muda e a tempestade acontece, que pode levar ao término do namoro. Muitos perderam a conta de quantas vezes terminaram o namoro e voltaram atrás reatando. Pode isso? Brigando eles brincam de namorar.

Relacionamentos inconstantes, incertos, que vivem mergulhados em conflitos, e as causas são inúmeras: ciúmes, desconfiança, diferenças de temperamentos, diferenças econômicas, medos, interferências familiares, tudo isso e muito mais, regados a uma boa dose de imaturidade. Brigamos, gritamos, falamos tanta coisa para machucar e ferir a pessoa na hora da raiva, e depois nos arrependemos, descobrimos que tudo poderia ser evitado, inclusive o fim do relacionamento.

Que papel as brigas têm num relacionamento? Em excesso, as brigas estragam, desgastam e prejudicam a relação causando feridas. No entanto, se elas não existem é sinal de que algo está errado, nem tudo está bem, e pode significar que alguém na relação está se anulando, pois mesmo em relacionamentos cristãos também ocorrem brigas. Entendamos bem, este termo "briga" não é o ideal, mas por falta de um melhor usamos esse mesmo. Quando nos referimos a essas "brigas", que às vezes são necessárias, queremos dizer que elas servem para que haja uma revisão no namoro em relação às possíveis diferenças. As brigas podem proporcionar ocasião de reflexão que leva ao amadurecimento do namoro. Precisamos aprender com essas brigas, sabendo que depois delas virá uma reconciliação verdadeira e sincera, com o propósito de evitar a tempestade.

Nos casos em que ocorrem as tempestades, o amor foi substituído por um falso amor, pois quem ama respeita, supera as diferenças, compreende. As brigas na paixão matam, destroem o relacionamento e são bem mais frequentes, tornando-se perigosas, quando saem do jogo de palavras e partem para a agressão física, como nos muitos casos de violência doméstica que porventura conhecemos. Quando existe amor entre o casal, ele supera as brigas e a incidência delas é menor.

Se o namoro é marcado mais por brigas, talvez, este seja um sinal de que esse barco está prestes a naufragar.

j) Pronto, magoei!

Depois de mencionar sobre "fazendo tempestade num copo d'água", não poderíamos deixar de falar sobre as consequências das brigas nos relacionamentos, e uma das consequências que podem surgir seria a do "Pronto, magoei!" O que significa isso? Significa que sempre depois de um desentendimento, briga, discussão, uma pessoa ou ambas ficam feridas, magoadas, ressentidas, ou seja, com desamor; onde havia amor o desamor vai tomando espaço; imagina então quando ainda se está no estágio da paixão, que é um falso amor, a situação é muito mais frágil.

Em quantos casais de namorados, após uma discussão, podemos notar claramente a tristeza de um ou de outro, a expressão triste de quem está magoado, e o mais chato disso é a não verbalização desses sentimentos de mágoa, decepção... O que fazem é fechar a cara, emburrar; e ficar triste apenas não resolve nada, somente torna o relacionamento mais complicado. Criamos brechas na relação, feridas afetivas, e a cada mágoa adquirida por nós é aberto dia após dia um abismo, distanciando-nos da relação a dois.

É preciso que todo desentendimento, tristeza, mágoa, que aconteçam na relação, sejam tratados de frente, sem máscaras aos pés da Cruz; estar sempre disposto a reconciliar, perdoar de fato. Mas perdoar quem nos magoa é um aprendizado não muito fácil, exige de nós esforço, um querer abrir-se ao amor expresso no ato de perdoar.

Houve um discípulo de Jesus (Pedro) que se aproximou dele e perguntou: *"Senhor, quantas vezes devo perdoar a meu irmão, quando ele pecar contra mim? Até sete vezes? Respondeu Jesus: Não digo até sete vezes, mas setenta vezes sete"* (Mt 18,21-22).

É percebível que Pedro pergunta a Jesus, mas no coração já tinha uma resposta? Ele foi até ousado em dizer sete vezes, pois se formos pôr em prática a maioria das pessoas consegue chegar até três vezes e na última o perdão sai meio que engasgado na garganta, não é assim? Nós colocamos limites em perdoar: "Olha, até sete vezes eu perdoo, ou melhor eu sou bonzinho(a), mas se pisarem no meu calo..." É importante que nosso coração bata ao compasso de 70x7, ou seja, esteja "sempre" perdoando; não importa quem está errado, se é a pessoa com quem namoro ou eu, isso não vem ao caso, o que está em jogo é o namoro e duas pessoas que têm sentimentos, que necessitam de reconciliação.

"Se estás, portanto, para fazer a tua oferta diante do altar e te lembrares de que teu irmão tem alguma coisa contra ti, deixa lá a tua oferta diante do altar e vai primeiro reconciliar-te com teu irmão: só então, vem fazer a tua oferta. Entra em acordo sem demora com o teu adversário, enquanto estás em caminho com ele..." (Mt 5,23ss.).

Darmos o primeiro passo, a Palavra quer dizer isso, passarmos por cima do orgulho, irmos ao encontro do perdão, não querer saber quem é o culpado na história, pois na verdade todos tornam-se vítimas da mágoa, do desamor.

"Fale a cada um a seu próximo a verdade, pois somos membros uns do outros. Mesmo em cólera, não pequeis. Não se ponha o sol sobre o vosso ressentimento. Não deis lugar ao demônio" (Ef 4,25b-27).

Deixar para depois o perdão é ir dando lugar para o ressentimento tomar conta de nosso coração, é permitir que o desamor corrompa o amor que está em nós e na relação de namoro. Quando dizemos perdoar não queremos dizer que devemos aceitar o que a pessoa fez conosco, aceitar seu comportamento e suas atitudes, que nos trouxeram tristeza e fizeram-nos decepcionar ou chorar. Isso até Deus abomina, mas perceber que atrás disso tudo existe alguém que é imagem e semelhança de Deus, que com certeza precisa de ajuda e merece uma segunda chance, ou quem sabe uma sétima chance. Mas é bom que haja o perdão para levar o outro a um arrependimento perfeito, um reconhecimento verdadeiro do erro.

Se não gostamos de estar presos, amarrados, o perdão é um passo para a liberdade. Já notou que quando ficamos magoados com o(a) namorado(a), por um motivo ou outro, quem sofre e fica muito mais depressivo somos nós mesmos, e a outra pessoa não está nem ligando ou nem fica sabendo?

Quando não perdoamos, os sentimentos de mágoa e tristeza acarretam em nós doenças psicossomáticas (doenças do corpo, fruto de uma desordem psicológica e emocional), tais como: úlceras, dores de cabeça, pressão alta, gastrite, hipertensão, entre outras, com ou sem um diagnóstico clínico.

De tudo o que acontece no namoro, de acordo com a opinião de muitos jovens, o mais difícil de perdoar é a traição. Ser traído por alguém é algo que ninguém quer, mas é difícil impedir isso, uma vez que a fidelidade não depende somente de nós.

A traição talvez seja um indício de que nem tudo vai bem, se não sou fiel no pouco (namoro) será mais difícil ser fiel no muito (casamento). Pode significar que se não é possível encontrar o que preencha a relação, busca-se fora. Isso é até compreensível, mas não justifica a traição; o mais honesto, nesse caso, é romper com o namoro, se o mesmo não anda bem.

Então como perdoar uma traição?

Recordemos: O Amor *"... não guarda rancor (...). Tudo desculpa, tudo crê, tudo espera, tudo suporta"* (1Cor 13ss.).

O perdão recebido entra em cena para dar uma nova chance, aparece como sinal de mudança de vida, como ocasião de rever as próprias atitudes, que deve levar a uma postura de não querer mais trair. O perdão recebido não tem o papel de dar motivo para que venhamos a pensar que "posso fazer de novo, pois sempre serei perdoado". Precisamos estar atentos e observar se o perdão oferecido não estará reforçando na pessoa que o recebe o desejo de continuar errando. Se a pessoa com quem namoramos continua traindo, então é melhor não investirmos no relacionamento, tampouco nessa pessoa, que visivelmente não está demonstrando vontade de mudar.

"O Senhor disse-me: Ama de novo a mulher que foi de seu amigo, e que assim adúltera, pois é assim que o Senhor ama os seus filhos de Israel, embora se voltem para outros deuses e gostem de tortas de uvas" (Os 3,1).

O profeta Oseias teve a experiência de ter sido traído pela esposa, justamente com seu amigo, e diante da traição o Senhor pede a ele que ame de novo (nova chance) sua esposa, pois Deus sabia que o perdão de Oseias daria à mulher a conversão. Sem falar no tanto que Oseias aprendeu com essa traição, sentiu na pele o que é ser traído, e o quanto isso é penoso, mas como nada acontece por acaso, sempre aprendemos com as nossas experiências.

Quando perdoamos uma traição, necessariamente não precisamos permanecer namorando com a pessoa, e sim perdoá-la. Quando o Senhor diz: "Ama de novo", pede que amemos a outra pessoa e a perdoemos, o que faremos depois é um problema nosso, depende de querermos estar namorando ou não com essa pessoa, casados ou não. Nessa situação, somente não podemos esquecer que há em jogo uma história construída e vivida a dois e isso sim é preciso levar em consideração, Deus não força ninguém, apenas orienta, respeita, ama.

Enfim sabemos que muitas vezes as pessoas nos batem com as palavras, nos ferindo, mas somente é possível perdoar se o nosso coração estiver disposto a amar, a dar e a aceitar o perdão, aprendendo com ele que a vida tem de ser vivida hoje, nem ontem, nem amanhã. Não podemos perder tempo ficando magoados com as pessoas.

l) O tempo trará a resposta

O tempo no namoro é muito importante. Cada momento vivido é uma experiência ímpar, insubstituível para o casal. O tempo no namoro fortalece o vínculo que existe entre duas pessoas, que se descobrem a cada minuto passado juntas. A Paixão, com o tempo, se desfaz, restando o Amor, se ele existir. Há um tempo para cada coisa nos braços de quem se ama: *"Um Tempo para cada coisa"* (Ecl 3,1ss.). Ler a passagem!

Pelas provas do tempo é que se é provado no namoro. Com o passar do tempo o relacionamento é aplacado pela rotina e nela passamos a conhecer de uma forma mais profunda a pessoa que estamos namorando. O tempo de namoro leva-nos a ter acesso ao que a pessoa é na verdade, suas reações diante das diferentes situações que surgem, os defeitos, as qualidades, o caráter, a personalidade, as fraquezas, as manias, coisas que levam tempo para serem expressadas, pois sabemos que no início de namoro é tudo muito policiado, contido, dosado, camuflado, escondido por nós; todo e qualquer comportamento ou emoção mais profunda, que nos revelem como realmente somos, permanecem escondidos por um bom tempo.

Uma coisa é certa: se amamos de verdade o tempo será para nós um aliado, que nos proporcionará momentos prazerosos de descoberta da pessoa que amamos, com suas verdades e até mesmo suas mentiras. E mesmo que se passe, depois no casamento, muitos anos, ainda estaremos descobrindo o outro.

O tempo exige de nós perseverança, o amor é paciente em amar, no namoro teremos um tempo para cada coisa.

Tempo para nascer: foi o primeiro instante do namoro selado num beijo.

Tempo para morrer: o individualismo, o egoísmo, o ciúme, e todos os sentimentos que venham denegrir o namoro e a pessoa que namoramos.

Tempo para plantar: fidelidade, compreensão, confiança, regando os sentimentos bons. Esse tempo é necessário para dar ao longo do tempo frutos cem por um.

Tempo para arrancar o que foi plantado: arrancar o joio que nasceu junto com o trigo, arrancar a erva daninha do ressentimento, rancor, ódio... todas essas coisas que também foram plantadas quando estávamos em situações de conflitos, brigas e crises, pois não plantamos só coisas boas, as más, vez ou outra, surgem de nossas próprias mãos, cheias de desamor, e é preciso arrancar as pragas que foram sendo cultivadas em tempos ruins.

Tempo para matar: a saudade dos momentos que passaram juntos, que se tornaram significativos para o relacionamento, estreitando os laços. Matar e levar à extinção sentimentos destrutivos e prejudiciais no relacionamento como: mágoa, ódio...

Tempo para sarar: um diante do outro superando o orgulho através do diálogo, curando as feridas que foram abertas por uma palavra de ofensa, por uma atitude impensada, por um comportamento egoísta, feridas que doem e ficam um bom tempo doendo, mas com a reconciliação vem o sarar, cicatrizando o que estava machucado, doente.

Tempo para demolir: a individualidade exagerada que carregamos, o egoísmo que criamos, trocando o Eu pelo Nosso, demolindo muralhas interiores, que somente são derrubadas com a ajuda do outro. No namoro devemos derrubar os velhos conceitos e construir os novos, que levem ao crescimento e amadurecimento afetivo, à comunhão. A participação do outro no processo de demolição é fundamental, pois sozinhos é um tanto difícil, por vezes não enxergamos os muros que nos impedem de sermos livres.

Tempo para construir: laços de amor, vínculos de amizade, companheirismo, afetos... Edificando no namoro sentimentos nobres de fidelidade, confiança, respeito, sendo mão de obra disponível, para levar a outra pessoa a crescer, a amadurecer, a tornar-se pessoa. Tijolos um a um sendo colocados estruturando o relacionamento em bases firmes, um investindo no outro, um construindo e ajudando o outro a crescer humanamente em estatura e espiritualmente em graça. E por que não dizer tempo para reconstruir nossa afetividade, que foi porventura ferida, destruída, e outras tantas coisas que no passado abalaram nossa estrutura afetiva, que hoje necessita ser reconstruída? Vida nova para o que restou, como diz Santo Agostinho: *"O tempo presente é o único no qual podemos reparar o passado e construir o futuro".*

Tempo para chorar e rir: com o passar dos dias, meses, e alguns anos, juntos ou sozinhos, iremos rir, mas também chorar. Surgirão momentos em que teremos de fazer o outro sorrir quando o maior desejo dele naquele momento é chorar, e se chorar será necessário que o consolemos. Se não for desse modo, pelo contrário, iremos fazer com que o outro chore.

Iremos perceber que nem tudo é alegria, porque sabemos que a vida nem sempre sorri para nós. Nas lágrimas descobrimos a fragilidade de um e de outro, a verdade que estava escondida; nessas horas o colo e o ombro serão um bom refúgio.

No sorriso descobrimos a criança que cada um tem dentro de si; o sorriso fala a linguagem de um coração feliz, o sorriso vitaliza, renova, restaura, anima, cura feridas... *"Mesmo no sorrir, o coração pode estar triste"* (Pr 13a).

Peço a Deus que tenhamos mais risos e alegrias estampados no rosto, mas uma alegria verdadeira vinda de um coração que pulsa felicidade.

O tempo no namoro é fundamental. Depois de um bom tempo de namoro, as máscaras começam a cair, pois no início do namoro não nos revelamos por inteiro, nosso rosto fica encoberto, as atitudes são previsíveis, esperadas.

Começam a surgir as atitudes inesperadas, os comportamentos antes ocultos. Surgem as diferenças, que levarão para dois caminhos. No primeiro, de tanto jogar pedras, o relacionamento com certeza será sepultado, a paixão não resistirá e o casal não conseguirá superar as diferenças, restando apenas as pedras. No segundo caminho, o casal tentará resistir às diferenças, salvar o namoro e juntar as pedras que foram espalhando-se para construir um altar, "o altar da reconciliação".

Nesse caminho, o casal juntará aquelas pedras, que foram sendo atiradas para separar e dividir o casal, para usá-las como sinal de que as diferenças, os defeitos, as manias, apesar de existirem, através do amor, podem ser modificadas, transformadas, superadas.

Essa é a razão pela qual alguns casamentos não dão certo, pois não passaram por esse tempo no namoro e no noivado, e quando vivem isso no casamento é mais complicado, vejamos algumas queixas: "Se eu soubesse que era assim não teria casado"; "Se arrependimento matasse, estaria morta"; "Como eu pude casar-me com esta mulher? Estava louco!"

Tempo para abraçar: algo tão simples e ao mesmo tempo tão fantástico, nos braços é onde nos sentimos protegidos, seguros, amparados; neles cessa toda a inquietude interior da falta de alguém que nos queira bem, no abraço moram o consolo e a paz, num abraço a solidão fica sem espaço e logo nos abandona.

O abraçar produz um calor que nos envolve e que enfraquece o frio da alma; o bom abraço nos encoraja e arranca de nós o medo que nos amedronta. Abraço de pai, mãe, irmão, amigos, namorado(a), abraços que alimentam e nutrem nosso coração com amor, e o abraço mais expressivo de todos podemos encontrar na parábola do "Filho Pródigo", Deus Pai acolhe em seus braços os filhos; acredito que foi tudo aquilo que o Filho Pródigo necessitava, com certeza não era comida, roupa, anel ou sandálias, em seus pés, mas um abraço.

Vida sem abraço fica sem graça, fria, ele por si só simboliza muita coisa, e não poderia estar ausente no namoro, nele se ama, perdoa, chora...

Tempo de apartar-se: a distância, seja ela grande ou não, por dias, meses ou anos, por um motivo de estudo, trabalho ou outro, cria um vácuo no relacionamento. É um tempo de extrema importância, em que saberemos se estamos amando ou apenas apaixonados.

A situação de ausência da pessoa junto a nós é um fator que irá determinar se gostamos ou não de verdade; se for paixão, a distância esfriará o sentimento e consequentemente será substituído por um outro; se for amor, mesmo na ausência, na distância, na separação, que possam ocorrer entre o casal, ele sobreviverá e esse tempo não produzirá o esfriamento, o esquecimento, mas sim o crescimento, o amadurecimento, a maior intensidade no amor. O coração poderá com a ausência ter a certeza de que realmente está amando, pois com a presença da pessoa esse tipo de avaliação torna-se difícil de ser realizado e, muitas vezes, não nos preocupamos com isso.

Tempo para procurar: ter sempre motivos para o relacionamento tornar-se amigável, procurando entender, compreender, ajudar, respeitar a pessoa que namoramos, tempo para procurar o que está faltando no relacionamento, procurar adaptar-se às diferenças.

Tempo para perder: falando e jogando conversa fora, assistindo juntos a um bom filme, ou passando a tarde toda com os amigos dele(a). Passar o tempo juntos dividindo-se entre uma família e outra, observando a lua e as estrelas, andando de mãos dadas ou abraçados, mesmo que esteja calor. Na vida e, principalmente, no namoro, é preciso que tenhamos momentos com a família, com os amigos, para partilharmos o tempo livre que temos.

Quando o namorado(a) diz: "Vamos dar um tempo?" ou "Eu preciso de um tempo sozinho(a), para analisar se é isso que quero mesmo", entenda como um "fora", ou seja, a pessoa não está mais a fim de namorar, "está em outra". Um tempo para cada coisa no namoro se dá e acontece com os dois juntos. É preciso viver plenamente o tempo de hoje, amando, de preferência, sem medo do amanhã, tendo a certeza que o tempo trará a resposta para os questionamentos, que surgirão durante todo o tempo do namoro.

Tempo para calar e tempo para falar: esses momentos são instâncias de grande importância e significado na relação a dois, que produzem inúmeros frutos e proporcionam uma considerável maturidade no namoro. Entre uma batida e outra do coração existe um espaço de tempo (tum..., tum...), é nesse espaço que reside o silêncio, em meio a esses dois corações e sua história, o silêncio tem sua participação, e muitas vezes de forma incompreendida, angustiante e ignorada. O silêncio no namoro nem sempre é sinal de que a relação está monótona, sem graça, mas é uma oportunidade oferecida ao casal de crescimento e de uma maior maturidade.

E muitos de nós temos dificuldades de silenciar, de calar nossa voz, pois estamos mergulhados em uma constante onda sonora, que produz insistentemente sons quase ensurdecedores, que nos fazem estar sempre "ligados" no mundo e, por consequência, desligados de nós mesmos, do próximo e até mesmo de Deus.

Quantos jovens, aos quais rezei, que estavam completamente "ligados", dependentes de tudo que produzisse som, levantavam pela manhã grudados em seus aparelhos, iam para a escola, trabalho..., ouvindo, escutando "sons", "barulhos", e ao deitar deixavam o som ligado com suas músicas preferidas para dormirem mais rápido, pois diziam que isso relaxava.

Geralmente, jovens desta geração "barulho", "sons", "ruídos", entendam como quiser, têm um profundo medo do silêncio, pois ele grita em nosso ouvido interior falando de nossas angústias, decepções, frustrações, carências..., as quais lutamos a todo instante para não ouvir; o silêncio esfrega em nossa "cara" o que de fato somos.

Mas o que tem a ver isso com o namoro? Tudo! Este tempo de calar pede a nós um momento para olhar para nosso interior, a fim de descobrirmos nosso "eu", avaliando os sentimentos que ali estejam, questionando atitudes e comportamentos indesejados, egoístas e posteriormente nos conduzindo ao "outro", a pessoa que namoramos, observando assim o que cerca e envolve o namoro, tentando reparar os erros, não pela força da palavra, mas pelo silêncio.

Calar talvez seja para muitos tortura, pois o silêncio muitas vezes machuca, mas com certeza é um precioso instrumento para o crescimento interior, em que não apenas escutamos a nós, mas principalmente a Deus, que fala no silêncio como brisa, sussurrando em nossos ouvidos a direção. O namoro cristão precisa fundamentalmente ouvir a voz de Deus, e Ele só falará no silêncio, quando calarmos. Por falta do costume de ouvir, muitos namoros, noivados e casamentos se desfazem. O calar para ouvir o outro é tão importante que auxilia no andamento do namoro. É preciso que nos abramos aos conselhos vindos dos pais e amigos, pois Deus usa dessas pessoas, que nos amam, para nos mostrar o caminho.

Quando calamos, ouvimos o silêncio, e com ele nos damos conta do mundo interior, que tem a mais bela melodia: a da Vida! Por favor, silencie, coloque a mão em seu coração e escute o mais puro som, e permita a ele falar algo que talvez você necessite saber e que ficou calado durante muito tempo, e ouça a voz de Deus falando baixinho... tum,

tum... Em meio ao barulho, não conseguimos ouvir Deus e muito menos quem namoramos. Devemos aprender com Maria em seu Sublime silêncio.

O que mais angustia e inquieta nosso coração é estar diante da pessoa que amamos e não ter nada para falar e nada para ouvir; talvez seja isso mesmo apenas "estar", fique, faça companhia, já é importante. Silêncio significa intimidade. É certo que as palavras neste momento perdem seu valor e podem trair-nos, mas o silêncio não! Entendamos que quando o tempo nos tira o falar, as palavras, calando-nos, ele quer de nós uma resposta se diante do silêncio verdadeiramente amamos ou não, para depois expressarmos esse sentimento falando.

Enfim, de tudo o que foi mencionado a respeito do tempo no namoro como fator preponderante para descobrir se a relação que se tem é verdadeira, e se a mesma encontra-se assistida pelo amor, é conveniente ilustrar, para maior compreensão, a história do livro de Gênesis: "Duplo casamento de Jacó" (Gn 29,1ss.). – Ler a passagem!

Considerações sobre o texto:

Então, o que notamos é que Jacó sabia por antecipação que havia um poço e uma grande pedra o cobria e era preciso que todos os rebanhos estivessem reunidos para retirarem a pedra. Com certeza, se o texto menciona que a pedra era grande, e um único homem não conseguiria retirá-la, mas logo que Jacó olhou para Raquel imediatamente *"aproximou-se, rolou a pedra de cima da boca do poço, e deu de beber às ovelhas de Labão,...* (v. 10), isso é prova de amor! Ou será de paixão?

Como vimos, este sentimento que se confundia entre paixão e amor, após ter sido passado pelas provas do tempo, descobriu-se então que era verdadeiramente amor, porque se fosse apenas paixão teria dissipado, acabado, perdido ao longo da espera. Mas, imaginem, Jacó sozinho rolou a pedra que cobria o poço, trabalho que precisaria de muitos homens. Jacó fez sozinho, impelido por uma força que nasceu de um olhar entre ele e Raquel, o Amor. Ele não mediu esforços, não se preocupou com quanto lhe custaria, apenas fez. É possível perceber também que, quando amamos, a demora e o tempo não esfriam nem apagam o amor: *"Assim Jacó serviu por Raquel sete anos, que lhe pareceram dias, tão grande era o amor que lhe tinha"* (v. 20).

Você que lê, já parou para contar, quanto tempo Jacó teve de esperar para ser feliz, ao lado de sua amada Raquel? Foram 14 anos. E 14 anos não são 14 minutos, 14 horas ou meses, mas anos... dá para imaginar o quanto lhe custou, o quanto precisou ter constância, mas com certeza até Jacó chegou à conclusão de que amava Raquel, após os anos que serviu e que não foram poucos.

É lógico que não precisamos de todo esse tempo. Deus dará o tempo que for suficiente para nós. E o sete, número da perfeição, sugere a nós o tempo "Perfeito", a cada um Deus dará o tempo que lhe aprouver.

Aprendemos com essa história de Jacó, e com sua demonstração de amor, que seja qual for a duração do tempo em nosso relacionamento será de grande importância para seu crescimento e amadurecimento, permitindo que o mesmo dê certo e seja vivido para sempre.

m) Morro de ciúme

Em todas as relações estabelecidas de que temos conhecimento, podemos perceber a presença do ciúme, de uma forma discreta ou predominante, até mesmo nas relações de âmbito familiar entre pais e filhos. Geralmente, na família, o ciúmes se manifesta assim: os pais sofrem de ciúme dos filhos, que para eles são intocáveis, estes pais ciumentos têm uma postura de dominação perante o filho; pais e mães particularmente ciumentos irão causar aos filhos uma relação possessiva, opressora e demasiadamente conflitante. Há, porém, casos inversos, nos quais os filhos é que são ciumentos. O ciúme, perante o filho, acontece também na relação entre irmãos, principalmente entre os irmãos mais velhos e os mais novos, os irmãos e as irmãs (em muitos casos são extremamente ciumentos, e vigiam as irmãs de qualquer investida de um rapaz afoito, que esteja interessado em sua "irmãzinha", chegando muitas vezes a agir de forma hostil).

Saindo dos limites da família, em qualquer outro vínculo que criamos, o ciúme tende a existir como um participante da relação. Assim, também, o namoro, por ser uma relação em que criamos vínculos, não está isento do fantasma do ciúme. Talvez o ponto de conflitos, desentendimentos e rompimentos no namoro nasça do ciúme. Ouço inúmeras queixas, lamentos e mais lamentos de jovens que não sabem o que fazer com o ciúme. Isso em certos casos torna-se um problema patológico (doença), que pode levar as pessoas a matar, induzidas e justificadas pelo ciúme. Enquanto umas matam outras morrem de ciúmes, passam mal, perdem o apetite, emagrecem subitamente, entram em depressão e males diversos podem manifestar-se. Uns lamentam que é o outro que sente ciúmes, o outro desmente, e ficam nesse empurra-empurra, quando no fim das contas os dois sentem ciúmes.

Há casal que estabelece uma relação tão ciumenta que a convivência torna-se insuportável, não se pode olhar para os lados, para cima, para baixo, e se fosse possível vendar o olhos do(a) namorado(a) vendaria. Muitas pessoas andariam com vendas nos olhos pela rua, acompanhadas e guiadas pelo Sr. Ciumento ou pela Sra. Ciumenta. Há pessoas que são tão ciumentas, e não escondem isso, que querem controlar o menor sinal de movimento do(a) namorado(a); se ele(a) andou, respirou, lá estão os olhos ciumentos vigiando, observando, controlando os passos.

O ciúme, tanto para quem o tem ou para quem é vítima e alvo dele, é de certa forma sofrível. Não se pode estabelecer uma relação de namoro em que o ciúme prevaleça sobre o amor. Mas por que somos tão ciumentos? A resposta pode originar-se de inúmeras hipóteses, variará de pessoa para pessoa, de como cada um irá lidar com a situação que lhe será apresentada; dependerá também da história de vida que trazemos em nós mesmos.

Muitos psicólogos veem mais frequentemente sua origem na descoberta inevitável, pela qual todos nós passamos, quando nos damos conta de que não somos únicos, principalmente no momento em que nos sentimos traídos pela mãe, logo nos primeiros anos de vida, o que chamamos de tríade, ou seja, a presença de uma terceira pessoa na relação, no caso o pai, ou mesmo o surgimento de uma quarta pessoa, seja ela irmão ou quem quer que seja, tomando-nos o amor e a atenção.

O ciúme em qualquer relação poderá surgir pelo medo da perda, pois é muito difícil ter alguém que seja legal e nos cause tamanha felicidade, e como a pessoa com a qual nos relacionamos se enquadra no que buscamos, então perder, jamais. Uns dizem que é por insegurança, esta por sua vez talvez é proveniente de uma baixa estima, de descrédito em si mesmo, assim o jovem sempre se sentirá ameaçado quando alguém que tenha as qualidades e os atrativos, que ele acredita não ter, aproximar-se da pessoa com a qual ele estiver relacionando-se.

No entanto, outras vezes, o ciúme nasce por causa de uma projeção que fazemos daquilo que foi aprendido por nós, e repassado ao longo de nossa história. Por exemplo: um jovem que na infância conviveu num ambiente marcado pelo ciúme, de nuanças fortes na vida conjugal de seus pais, em que um ou outro ou os dois verbalizavam e se comportavam de forma ciumenta e possessiva, pelo reforço contínuo dessas situações, essas atitudes foram internalizadas e é provável que ocorra a repetição desses comportamentos ciumentos na vida afetiva desse jovem, que poderá projetar em sua relação de namoro atitudes idênticas às de seus pais. É claro, porém, que não podemos descartar a possibilidade de que ocorra o inverso, e esse jovem não venha a ser nem um pouco ciumento.

Acredito que no namoro é preciso que exista ciúme, mas não de maneira excessiva, para que este não seja doentio, não sufoque, angustie, escravize, domine ou torture, e sim um ciúme que tenha uma finalidade positiva e seja encarado como zelo, cuidado, proteção, um bem que leve a preservar aquilo que se tem de especial.

Não somos propriedade de ninguém, a liberdade precisa ser respeitada, mas só entende isso quem ama, a paixão é egoísta. Namoro não é cárcere, nem prisão, vigiada pelo Sr. Ciúme, que dita as normas, que abre e fecha a porta para a liberdade, quando lhe agrada, e geralmente o que lhe agrada é ter a porta fechada e a liberdade castrada, para que possa ter mais controle sobre o outro.

No namoro a atmosfera, o clima, o ar que necessitamos são de confiança, tranquilidade, e isso se adquire e se conquista eliminando o egoísmo, avançando em direção ao desprendimento e ao amor-doação. Morrer! Somente por uma causa nobre, e isso definitivamente não é o caso do *ciúme*.

n) Papo-cabeça

Sem dúvida alguma precisamos estabelecer no namoro um "papo-cabeça", ou seja, um diálogo maduro. O diálogo é fundamental para o crescimento no namoro, para o aprendizado, o entendimento, a compreensão. Com o diálogo, ganha-se muito, e sem ele ganha-se pouco ou nada; com ele as coisas ficam esclarecidas, e na sua ausência a dúvida impera, o entendimento fica obscuro e a relação atrofia e morre. O diálogo traz consigo a linguagem que é ponto de partida para a comunicação e por consequência a compreensão do que se passa na pessoa do outro, em nível cognitivo (pensamento), afetivo/emocional; e o diálogo tem esta função: de ser ponte de ligação de nós ao outro, aprendendo com a experiência e a história de vida, que o outro carrega.

Um bom "papo-cabeça" é para nós uma fonte rica de informações, que nos deixa à vontade para poder perceber a pessoa com quem falamos; o território, que antes era desconhecido agora já não é mais, e com isso podemos partir para conhecer um pouco mais a fundo a pessoa com a qual nos relacionamos.

Temos a pretensão de achar que as pessoas são um prolongamento nosso e que elas têm por obrigação adivinhar nosso pensamento, nossas vontades, exatamente da forma que sonhamos. Não é possível, ninguém tem bola de cristal, ninguém lê pensamentos nem é adivinho (graças a Deus!). Dessa forma, a única via de acesso para saber o que passa na cabeça do outro é conversando, batendo um papo-cabeça, se não sempre a relação ficará "truncada", "amarrada pelas pernas". Há casais que quase não conversam, e quando falam sai algo desse tipo: "Nada a declarar".

O namoro não caminha sem o diálogo, ele não vai longe, começa no:

— Oi, qual é o seu nome?

— Maria.

— E o seu?

— José.

Fim...

E termina aí.

Mas existem uns bem profundos, como este do casalzinho da roça, sentados num banco feito de pedaço de pau, numa noite de luar, olhando as estrelas:

— Óia que estrela bunita, Jurema!

— I é mesmu, Tunico!

— I óia a lua qui belezura!

— I, num é Tunico? Inté parece um pedaço de queijo, homi!

— Jurema, ocê gosta de bobrinha com jiló?

— Ah, Tunico, gosto dimais.

— I eu nãooo!

Talvez você esteja rindo, achando engraçado, mas precisamos reavaliar o diálogo que temos no namoro, ele necessita sair da superficialidade e caminhar para o profundo; é tendo um papo-cabeça que podemos lavar a roupa suja, que ocasionalmente possa ter; dizer cara a cara as verdades que precisam ser ditas, em que falamos o que está entalado na garganta ou fazendo mal ao estômago, como palavras mal ditas e interpretadas erroneamente na hora da raiva, e todo o tipo de ressentimento, fazendo isso não com intuito de ofender, maltratar, ferir, machucar, mas sempre tendo a verdade no centro do namoro.

Mas não só lavar a roupa suja, um bom papo-cabeça nos aproxima e nos conduz para uma intimidade maior, uma reciprocidade e uma comunhão, saindo de um monólogo e entrando numa partilha, nos revelando entre uma conversa e outra à pessoa que está ao nosso lado, superando as diferenças e compreendendo os defeitos, pois os mesmos se tornam conhecidos.

Precisamos estar atentos ao fato de que no diálogo fala--se, mas também escuta-se, e o mais difícil é escutar, ouvir.

Em suma, poderíamos dizer que a Área Emocional do Namoro não para por aí, sabemos que é bem mais complexa e profunda da que podemos imaginar, é bom que tenhamos claro que o que foi citado é apenas um início de conversa e se continuarmos dificilmente irá esgotar-se, pois o assunto é vasto. O que foi mencionado são geralmente os assuntos que mais chegam a mim como queixa, e normalmente são os mais evidentes no namoro.

Esclarecendo que cada caso é um caso, e o que foi dito tem por objetivo aproximar-se da realidade de cada um, e com a graça de Deus poder ser uma ajuda oportuna para arrumar a bagunça que possa estar na Área Emocional de seu namoro.

"O vento é o mesmo, mas seu efeito é diferente em cada folha" (Cecília Meireles).

4. Arrumando a Área Social

Não se pode negar a influência do ambiente social em nossas vidas e como muitas vezes este ambiente em que estamos inseridos pode determinar muitos de nossos comportamentos. De acordo com a teoria desenvolvida por Henri Wallon (1879-1962), teórico da psicogênese do desenvolvimento humano: "cada sujeito social que nasce vai se tornando cada vez mais e interessantemente humano, construindo sua individualidade ao mesmo tempo que constrói sua própria compreensão do significado do mundo que o circunscreve".

Isso quer dizer que já nascemos sociais, pois pertencemos a uma família, que é um ambiente social, e por sinal o primeiro. Nosso próprio nascimento é um acontecimento social, que modifica e altera todo esse ambiente. A princípio somos como "estranhos no ninho", mergulhados num mundo cheio, repleto de símbolos, códigos... com isso vamos internalizando todas as coisas que fazem parte do social, por meio de nossa família, e a mãe, em especial, é ponte de acesso entre nós e o mundo que nos cerca, e vamos nos tornando, dia a dia, cada vez mais "interessantemente humanos", ou seja desenvolvendo-nos pela ação do meio, descobrindo nossa importância e nosso papel na sociedade.

Com o tempo aprendemos que existem no contexto social os ditos "papéis sociais", que seriam a caracterização daquilo que somos frente ao ambiente social. Por exemplo a "Mãe": sabemos o que é, as suas funções, importância, necessidades de ter uma, suas características; seus comportamentos de mãe já nos são conhecidos e esperados, isto é, o "papel de mãe", a que chamamos de "papel prescrito"; se por acaso vemos uma mãe meio maluca que nega sua maternidade, desinteressada com os filhos, irresponsável... logo dizemos que ela está fugindo de seu "papel de mãe", daquilo que é esperado dela. Essa comparação pode ser feita com todas as pessoas que fazem parte de um ambiente, grupo social: os médicos, professores, freira, padre e etc.

Esses diferentes papéis sociais são devidos à grande plasticidade que temos como pessoas, e de acordo com o lugar que estivermos e situações novas nos comportaremos e teremos uma postura de forma a adequar ao local e às situações que nos forem apresentadas. Por exemplo: na praia ou no clube nos vestimos e temos uma postura de acordo com o ambiente, não teremos a mesma postura dentro de uma igreja. Imagine as pessoas dentro da igreja de biquíni, sunga, óculos escuros, chinelas nos pés?!... não dá! Aonde quero chegar com isso? No namoro.

O namoro também é um acontecimento social, que surge de uma relação entre duas pessoas, ocorrendo um vínculo mais profundo, além de uma amizade. O namoro está inserido num ambiente social, composto de pessoas que estão diretamente (familiares) ou indiretamente (amigos) ligadas a essa relação. Partindo do pressuposto de que no meio social todos têm um papel e os desempenham, por consequência, os namorados também têm papéis a serem desempenhados em âmbito social, ou seja, aquilo que é esperado e aceitável socialmente. Veremos assim posteriormente como a sociedade nos vê e o que espera de nós, as diferenças existentes nessa sociedade no que diz respeito a grupos sociais. Em relação à influência externa com certeza vemos isso na prática, a influência dessas pessoas sobre o namoro, tanto para ajudar como para atrapalhar a relação, mudando o andamento do mesmo.

Temos de estar atentos às influências externas dentro do namoro, se elas são benéficas ou não, se proporcionarão crescimento ou atrofiamento, se servirão como ajuda ou como obstáculo.

"Examinai tudo: abraçai o que é bom. Guardai-vos de toda a espécie de mal" (1Ts 5,21-22).

Não podemos nos fechar àquilo que as pessoas têm para falar de nosso namoro, e tampouco ouvir tudo que falam. É necessário ter ouvidos atentos para não permitir opiniões que causem conflitos e confusões dentro do namoro nem desprezar todas, pois às vezes uma delas pode ser a chave para a solução de um problema que o casal não consegue resolver sozinho. Agora, sabendo que o namoro é um acontecimento social, é evidente que ele repercute não só na vida do casal, mas também na vida dos que fazem parte de sua convivência. Sendo assim se faz necessário saber lidar com os palpites, conselhos, opiniões, orientações e tudo mais que vêm de fora para dentro do namoro, para que não venham tornar-se uma verdadeira bagunça.

Examinando o que vem de fora:

a) Quando as influências vêm dos pais

Quando nos referimos às influências dos pais no namoro a situação é um tanto complicada, pois os pais se colocam numa posição de aprovação ou não do namoro. Embora muitas vezes ignoremos ou queiramos ignorar essa realidade, é sem dúvida um fator importante que influenciará diretamente na relação, proporcionando uma união tranquila ou uma união problemática, pela não aceitação da família. E quando os pais não aprovam o namoro, o índice de fracasso nessa relação geralmente é alto.

Essa história de achar que não está nem aí para aquilo que as pessoas pensam ou deixam de pensar, se aprovam ou não o namoro, pois não iremos namorar a sogra ou o sogro, o pai ou a mãe do fulano e da fulana, que ninguém não tem nada a ver com isso, principalmente se o casal de namorados tiver maioridade, eu diria que é uma meia-verdade.

Estão certos, mas em parte.

Quando namoramos o Zé ou a Rosa, não estamos namorando somente a pessoa, pois ela não se encontra sozinha, vem acompanhada da família e cia. limitada: o pai, mãe, cachorro, periquito..., e se mais tarde casarmos, faremos parte dessa outra família, amando-a ou suportando-a, não terá como fingir que ela não existe. Dá para entender?

Sabemos que os pais querem o melhor para nós, se esforçam o máximo para evitar que soframos, estão prontos para nos ajudar, proteger, orientar, educar, amar... Como sabemos, há mães que dão até a própria vida pelos filhos, e a felicidade delas é ver seus filhos felizes; não medem esforços para isso.

E quando implicam com alguém no namoro, temos de perguntar o porquê disso, nada é por acaso, as coisas não surgem assim sem motivo ou explicação.

"Por que será que meu pai implica tanto com meu namorado?" (Moça, 17 anos).

"Minha mãe não gosta da minha namorada" (Rapaz, 15 anos).

"Meus pais não aceitam meu namorado. Ele nunca fez nada!" (Moça, 21 anos).

"O irmão de minha namorada me detesta" (Rapaz, 18 anos).

Essas e outras são as inúmeras queixas que ouço de rapazes e moças que poderiam usar aquela argumentação: "Ah! Ninguém tem nada a ver com isso, não estou namorando a família mesmo, e também não devo satisfação para ninguém, a vida é minha". Com certeza esse discurso não convence nem a nós mesmos. Percebe que as coisas não são tão simples assim? Que mesmo ignorando a família a "sombra" dela nos alcança e indiretamente influencia, nos chateando e causando uma situação desconfortante? Mas o que fazer? Continuar, deixar do jeito que está? Ou ignorar? Ou então dar uma de "Romeu e Julieta", e namorar escondido dos pais? Lembra que não deu certo? O fim foi trágico!

Não, nenhuma das alternativas. O que poderia ser mais inteligente de nossa parte seria procurar entender as causas e os motivos dessa não aprovação.

Geralmente, as pessoas que estão do lado de fora da situação do namoro conseguem ver coisas que nós não vemos, algo que esteja errado e, por estarmos envolvidos, não enxergamos. Tenho visto na prática inúmeros casos de jovens que namoram e os pais não aceitam o namoro, e depois de um momento de escuta do caso, analisando os jovens e depois os pais, observa-se que na grande maioria os pais estavam certos.

Sabemos que nossa grande dificuldade é aceitar que estamos errados, principalmente admitir isso para os pais, pois queremos a todo instante provar para eles que já crescemos e sabemos fazer as coisas sozinhos, que não precisamos mais deles, e vem toda aquela ladainha que conhecemos, que se resume em acreditarmos ter adquirido *independência*. Tudo isso, porém, não significa ser idiota diante do óbvio.

Há jovens que por teimosia namoram, mesmo sabendo que a relação não dará certo, insistem e forçam a barra, somente para não dar o braço a torcer para os pais, e admitir: "Eles estavam certos".

Jovens, muitas vezes Deus fala através dos pais, porque eles são pessoas que nos amam, e desejam preservar nossa vida dos sofrimentos e decepções, e se suspeitam que iremos praticar um erro, entram em cena para evitar um dano maior. Muitos pais querem evitar que os filhos sejam pais e mães solteiras, precocemente, que se envolvam com drogas...

"Ouve, meu filho, a instrução de teu pai, não desprezes o ensinamento de tua mãe. Isto será, pois, um diadema de graça para tua cabeça e um colar para o teu pescoço" (Pr 1,8-9).

Há porém casos em que os pais são muito inseguros, emocionalmente carentes, imaturos e apegados demais aos filhos, criando os filhos para eles e não para o mundo; pais que possuem a ideia de que os filhos continuam sendo suas eternas criancinhas, ou ficam com medo de perder os filhos, impedindo seu crescimento e o desenvolvimento natural, forçando uma dependência angustiante para muitos jovens.

Tenho visto que, no caso desses pais, ninguém é digno e tampouco serve para namorar seus filhos; sempre existe uma desculpa, uma restrição, uma não aceitação do candidato a namorado para a filhinha do papai, mesmo se o rapaz carregar nas mãos uma lista de bons antecedentes, não resolverá.

"Não. Este rapaz não presta."

"Não. Este rapaz não tem uma cara boa."

"Não. Este moço não me inspira confiança."

"Não. Este moleque não vai dar futuro. Nem trabalha!"

"Não. Não. Não..."

Com a mãe não é diferente, nem se a nora vier embrulhada de presente com fitas, laços..., com diploma de prendas domésticas, dependurado no pescoço, ainda assim não adianta, não serve, e não será boa o suficiente para o filhinho, da forma como ela é, e se fosse possível o filho virar padre, ótimo!

"Não. Esta menina tem cara de preguiçosa."

"Não. Esta moça nunca será um boa esposa para meu filho."

"Não suporto a cara daquela garota."

"Não. Não. Não..."

Insisto novamente em dizer, se os seus pais são contra o

namoro, tente com maturidade avaliar a situação e entender o porquê dessa reprovação, agindo assim você evitará ficar brigando e comportando-se de forma incoerente, e se for o caso de pais imaturos e presos ao não, demonstre, pelas suas atitudes, amadurecimento, levando-os a conhecer melhor a situação além do "Não", que futuramente, se for para o bem, pode tornar-se um "SIM".

Em relação a essas influências dos pais sobre o namoro de seus filhos, tenho algumas experiências de ter rezado para jovens que passaram por esses incômodos. Mencionarei dois casos que servirão de ilustração para melhor entendimento.

Lembro-me de um caso em que dois jovens vieram até mim com uma queixa de que a família era contra a relação dos dois, principalmente pela diferença de idades, ela mais velha do que ele; queriam que Deus mostrasse o que era para ser feito. Aparentemente, algo simples e até bobo, mas que causava extremo incômodo para a família da garota, mas Deus usa dessas pequenas coisas para chegar aonde quer: transformar-nos.

Rezei com os dois, e Deus apenas dizia: "Esperem em Mim", não disse nem sim e nem não, e continuaram a namorar, mesmo a família sendo contra ainda persistiram, eu sabia que para a garota seria uma transformação significativa, pois em seu discurso ficava claro que ela sempre esteve sujeita às vontades da família e isso não era bom, pesaria futuramente em insegurança, medo, dependência e de estar sempre numa situação de se anular como pessoa, isso ocorre muito com filhos de pais superprotetores.

Com amadurecimento e discernimento as coisas caminharam como era de se esperar na pedagogia, ou melhor, na Psicologia de Deus. Rezei mais algumas vezes com eles. Como estavam namorando escondidos, Deus pedia que falassem aos pais; num ato, com certeza novo para garota, ela se posicionou diante da família em relação ao namoro por determinado período; numa atitude heroica pôde quebrar suas atitudes passivas que sempre teve, o rapaz tentou aproximar-se da família, mas sem êxito. No final das contas não ficaram juntos, a influência dos pais foi maior, e creio que os pais estavam certos, mas o casal também não estava errado, e nessa história Deus se manteve amando. Ele sempre tira um bem maior de todas as coisas, acredito que a jovem cresceu muito, em especial, adquiriu seu espaço dentro de sua família, e o rapaz sem dúvida também não deixou de aprender com tudo isso: humildade para saber lidar com as diferenças, e os pais compreenderam que a filha já havia crescido e podia andar com as próprias pernas.

Quando digo que Deus fala através do pais, verdadeiramente isso é uma verdade: recordo-me de uma situação de uma jovem que namorava um rapaz, mas a família era contra, aparentemente sem motivo algum. Lembro-me que esse namoro era causa de brigas na família, sempre aparecia uma situação de discórdia, que acarretava transtornos para o namoro.

Mesmo com a imposição da família da jovem de não aceitar, o namoro ainda durou um bom tempo. E durante esse tempo, como vocês sabem, o "tempo traz a resposta", e ele sempre traz mesmo, foi se observando as atitudes e comportamentos do rapaz, que iam trazendo à tona uma pessoa desconhecida, um jovem que bebia muito, sem falar das suspeitas de ter outra namorada, que causavam para a família maior repulsa do rapaz. A mãe falava, o pai falava, os irmãos diziam que o rapaz não era um bom candidato para namorado, e nada. Mas como dizem: "O pior cego é aquele que não quer enxergar", o namoro continuava e caminhava ao sabor do vento...

Graças a Deus a mãe da jovem era uma mulher de oração e fé, confiou o namoro da filha a Deus, e quando mãe fala, pai fala e não ouvimos, entra em ação a voz suave de Deus, convencendo-nos. Com isso Deus mostrou àquela jovem, pelos acontecimentos, aquilo que estava a olhos vistos: a jovem descobriu coisas a respeito do rapaz, inclusive a existência de uma outra namorada, colocando assim um fim no namoro. Acredito que a jovem tenha aprendido, crescido, amadurecido, com tudo que passou nessa relação, pelas vezes que brigou com a família por causa do rapaz, pelas vezes que defendeu-o quando a família o acusava.

Culpados? Vítimas? Não se sabe. Feridas? Talvez nenhuma ou muitas.

Dor? Talvez a maior: "Eles estavam certos".

b) Namorar escondido dos pais

No que diz respeito à aprovação ou não dos pais, como vimos anteriormente, é algo significativo para nós, sempre a esperamos, mesmo que digamos que não. Esperamos que nossos pais se posicionem, aceitando a relação de namoro ou não, mas, quando eles se posicionam, nós jovens nos comportamos de forma ambivalente, ou seja, no "contra". Entendendo melhor as coisas, elas acontecem mais ou menos assim: Se os pais aceitam, apoiam, incentivam a relação de namoro, nós, jovens em contrapartida logo terminamos a relação, pois alegamos que ficou sem graça. Estou mentindo?

E se o pais são contra, não aceitam, não permitem, aí geralmente os jovens contestam, se necessário for partem para briga porque têm direitos, usam argumentações, chantagens... Geralmente os jovens que têm comportamentos de estar sempre na contramão das coisas têm uma característica adolescente, jogam sempre "contra", normalmente não sabem o que querem, só sabem que precisam jogar e de preferência contra os pais.

Como consequência surge um comportamento não adequado, que é o namorar escondido dos pais. Falando em namorar escondido, talvez passe pela sua cabeça algo do tipo: Aventura, ação, suspense e coisas do gênero. É, às vezes o namoro escondido passe essa ideia, em partes sim, é verdade, ele vem com estas pitadas de emoção, e aparenta ser uma situação de adrenalina, que leva muitos jovens a arriscarem-se nessa prática. O perigo disso, porém, é que esses namoros não só produzem emoções fortes, aventura, suspense, como também mentiras, enganos, pecados... Lembre-se: "Mentira tem perna curta". Graças a Deus não dura muito tempo, nada fica oculto, nada fica escondido, sempre vem à tona, de um jeito ou de outro, o namoro torna-se conhecido. E as vias desta descoberta são muitas, por exemplo: O casal poderá ser pego em flagrante, pelos pais; pode ser denunciado, por alguém que seja também contra; pode ser desmascarado por uma eventual gravidez, se não optou pela castidade e santidade.

São várias as formas de serem descobertos, e a recompensa no final das contas é receberem o título de "mentirosos", e serão visto a partir daí com desconfiança e descrédito, pois não agiram com honestidade, uma vez que a atitude mais coerente seria falar que estavam namorando e pronto! Seria mais honesto e menos vergonhoso, assumindo as consequências. Esses namoros têm origens em muitas fontes:

— por causa de uma simples briga com os pais (imaturidade);

— a pessoa com quem namora é casada (adultério);

— por diferença de idades, tanto para mais, quanto para menos, ocorrendo uma distância daquilo que é tido como aceitável socialmente;

— às vezes por vergonha dos pais que têm (fisicamente, intelectualmente...);

— a outra pessoa ser negra, pobre ou deficiente, pensando assim que os pais terão preconceitos e não aceitarão; nesse caso, porém, é bom analisar se não somos nós mesmos que temos preconceitos e jogamos essa responsabilidade para os pais;

— por achar emocionante (esquecendo as consequências),
— para preservar uma imagem santa (que na verdade não existe).

Há inúmeras razões para namorarmos escondido dos pais ou das pessoas, porém não nada o justifica. Sabemos apenas que algo está errado, senão estivesse não haveria necessidade de esconder, e assim mentimos.

Quando aceitamos a mentira como amiga no namoro, permitimos que futuramente ela venha sorrir em nossa cara pela desgraça em que ela nos envolveu.

c) Quando as influências vêm dos amigos

Além das influências externas dos pais sobre nosso namoro, temos também as dos amigos, com as quais não é nada fácil de lidar, pois elas também podem modificar nosso comportamento devido às pressões que acarretam, principalmente se esses amigos não são religiosos, não pertencem ao grupo de jovens, ao grupo de oração... Aí, as coisas tornam-se complicadas porque teremos diante de nós uma situação de desconforto para assumir um namoro, santo e casto, pelo qual optamos e sabemos ser o melhor para nós, que produz e produzirá muitos frutos e graças. Assim teremos de assumir diante dos amigos essa opção de vida ou omiti-la, não falando nada e fazendo tipo, vestindo uma máscara, assumindo um papel que não é nosso.

O que quero dizer com isso?

O que foi falado anteriormente sobre namoro santo, casto e todas as coisas, as mesmas em contradição com as do mundo, chocam, não condizem com a realidade, pois a concepção do namoro é outra bem distante da ideia de santidade, que reduz o ato de namorar a simplesmente transar, chifrar, ficar... E esperam de nós isso também, a ideia que a maioria tem é essa e desconhece outra. Lembremo-nos da Palavra:

"Eles desconhecem os segredos de Deus, não esperam que a santidade será recompensada e não acreditam na glorificação das almas puras. Ora, Deus criou o homem para a imortalidade, e o fez a imagem de sua própria natureza" (Sb 2,22-23).

Temos vergonha de assumir diante dos amigos o que na verdade pensamos a respeito de namoro e tantas outras coisas, temos medo de perdê-los ou de sermos criticados, tachados e rotulados de puritanos, fanáticos, malucos... Se nos omitimos que pertencemos a Deus quanto mais a ter um namoro santo.

Lembro-me de um dia na Universidade Católica de Goiás, durante o intervalo de uma aula, uma turma de amigos e eu estávamos jogando conversa fora quando pintou o assunto sobre namoro, e a conversa foi esquentando, num minuto soltei um comentário dizendo que o meu namoro era santo, que já namorava há um bom tempo sem manter relação sexual com minha namorada, pois tínhamos optado pela castidade e estávamos muito felizes. Imaginem a cara daqueles estudantes de Psicologia olhando para mim, a maioria ficou escandalizada, perplexa diante do fato... risos, caras e bocas de desconfiança, um me perguntava como que eu dava conta? O homem não consegue! Não existe! Não tem lógica! Impossível!

Quando dei por mim, não acreditava na bobeira que tinha feito, pensei: logo ali... *Sim*!

Era ali que Deus me colocava para dizer não aos paradigmas, conceitos, valores errôneos que a sociedade moderna e a galera "teen" têm a respeito do namoro.

Questionaram-me, puseram-me à prova, de um lado e de outro, e nessa confusão e avalanche de perguntas irônicas e desconfiadas eu apenas disse: "Só conseguimos viver plenamente a santidade e a castidade no namoro, após uma experiência concreta e profunda com Deus, daí descobrimos que a pessoa que namoramos é acima de tudo Templo de Deus, que ela tem sentimentos e merece respeito".

Após isso o silêncio se fez, alguns ainda questionaram não acreditando, perguntando-me se eu não estava mentindo, e completei dizendo que não havia motivo para mentir, para passar vergonha. Aparecer? Claro que não.

Soube mais tarde de comentários sobre meu comportamento e minha declaração, houve quem achou positivo, houve quem duvidou da minha masculinidade, gente que achou louvável...

Não importa, aprendi que não podemos ter medo de dizer quem somos, de nos envergonhar diante dos amigos, de buscar a santidade, de partilhar o viver na graça, de sermos autênticos e verdadeiros. Uma qualidade que muitas vezes nos falta é a *autenticidade*. Eles não se envergonham de dizer que transam com "N" pessoas, que fazem e acontecem por aí, esta qualidade eles têm. Diante de tudo isso, a princípio me chateei com os comentários, mas sabe o que Deus me disse? "Ame-os".

Pela graça amei e obtive como resposta desculpas, e creio que eles entenderam que assim como não me escandalizo com eles, eles não precisavam também se escandalizar comigo.

Ter vergonha de buscar santidade e ser casto? Nunca!

Ter vergonha de assumir que é imagem e semelhança de Deus? Jamais!

"Portanto, quem der testemunho de mim diante dos homens, também darei testemunho dele diante de meu Pai que está nos céus. Aquele, porém, que me negar diante dos homens eu o negarei diante de meu Pai que está nos céus" (Mt 10,32-33).

Acredito e tenho visto que uns do mais evidentes problemas dos jovens que optaram por um namoro santo e casto é a dificuldade de socialização e de assumir esta postura de cristão frente ao ambiente social no qual se encontra inserido, fora dos limites da igreja. Ambiente social este que está carregado de ideias, conceitos, valores bem distantes do Cristianismo. Uma coisa porém é certa: queremos incomodar mesmo.

d) Quando os amigos fazem parte do namoro

Engraçado dizer isso, mas quando começamos a namorar, inicia-se paralelamente junto ao namoro uma segunda relação: a do amigo dele(a), aquele(a)... amigo(a) de infância que sempre participou de todos os eventos sociais e emocionais da pessoa que iremos namorar ou já namoramos, que pode ser ou tem sido uma bênção ou uma brecha para a bagunça entrar, com boas intenções ou péssimas, que irão variar de grau e intensidade dependendo de como o casal irá lidar com essa situação, e dependendo da "sorte".

Uma verdade da qual ninguém pode fugir é a de que, antes de namorarmos a pessoa, esta já tinha amigos e às vezes eles são mais afeiçoados que os próprios irmãos que a pessoa possa ter. Teremos de nos adaptar a essa presença, que poderá ofuscar um pouco a luz do namoro ou ser uma luz no fim do túnel. Vejamos alguns amigos e situações que poderão surgir ao longo do curso do namoro (não que seja minha intenção estereotipar os amigos, e sim ilustrar para melhor compreensão; por favor, não rotule seu amigo).

Amigo fiel: aquele com quem partilhamos os problemas, alegrias, tristezas, segredos, que é para nós o ombro que nos falta, o colo que no acolhe, e está aberto para ser amigo, tanto nosso quanto da pessoa que namoramos. Ele não se posiciona apenas de um lado, para ele a felicidade é ver seus dois amigos juntos e faz tudo que estiver ao seu alcance em agradecimento a uma amizade sincera e fiel; não fala somente coisas agradáveis, mas quando estamos errados diz em nossa cara as verdades; verdades que às vezes doem, e como amigo a intenção dele é esta: fazer-nos crescer. Faça sol ou faça chuva, lá está ele, não só passando a mão na cabeça, mas apontando os espinhos da vida e do namoro que possa surgir.

"Um amigo fiel é uma poderosa proteção, quem o achou, descobriu um tesouro. Nada é comparável a um amigo fiel, ouro e a prata não merecem ser postos em paralelo com a sinceridade de sua fé. Um amigo fiel é um remédio de vida e imortalidade, quem teme o Senhor, achará esse amigo" (Eclo 6,14-16).

Amigo da onça: *este geralmente torna-se amigo apoiado em algum interesse pessoal; a amizade para ele significa um meio de obter vantagens (sentimentais, financeiras, status...) e, quando entra em jogo o namoro na vida de quem ele tem amizade, sente-se ameaçado e tenta de várias formas impedir que esse namoro cresça, para que ele não perca as vantagens que ele tanto quer. Acredita que perderá a atenção que antes lhe era relativamente exclusiva e terá de dividi-la, assim entra em cena a competitividade entre ele e o "Incômodo", que apareceu no namoro, pois seu coração já está inflamado de ciúmes.*

Com isso a guerra "santa" se inicia utilizando como armas: intrigas, fofocas, mentiras... tudo como munição para pôr um final no tal namoro. O amigo torna-se agressivo ou se faz de vítima, usando de inúmeras formas para que a atenção retorne para ele, e se o casal não estiver atento, a possibilidade de término desse namoro será grande. Caso não consiga, terá deixado marcas de seu veneno. Fidelidade para ele é um ponto fraco, ela desaparece quando as vantagens na relação de amizade acabam, não tem muita preocupação com a felicidade do outro, contando que a sua esteja bem; tem atitudes oportunistas, só aparece quando tudo está bem e em tempos de crise pode até estar presente, mas seu colo e ombros permanecem frios.

Dentre os amigos da "onça" há um mais feroz ainda, em se tratando de separação e divisão no namoro, seria aquele que se faz de amigo(a), conquista o espaço e acaba também por conquistar a pessoa com quem namoramos, descobrimos duas coisas: a primeira, que não tínhamos amigo, e a segunda, que nunca tivemos namorado(a).

Mais cedo ou mais tarde nos decepcionamos com este tipo de amigo, nos frustramos, nos ferimos... por perceber que no final das contas ele era mais amigo da onça que nosso. Culpá-lo? Não. Amá-lo mais ainda por ele ser incompetente no ser amigo. Talvez ele nunca seja, mas você foi. *"Pois há amigos em certas horas que o deixará de ser no dia da aflição"* (Eclo 6,8).

e) Não negligencies os teus

Quando entramos numa relação de namoro, principalmente quando estamos apaixonados, temos a triste atitude de negligenciar as outras pessoas que não seja aquela com quem namoramos. Achamos que nossa atenção, cuidado, tempo, disponibilidade, carinho são exclusivamente dedicados a quem namoramos. Com isso, esquecemos o resto a nossa volta, ignoramos, negligenciamos. Parece-me que entramos num processo de desvalorização das outras coisas que não seja o namorado(a): os pais, os amigos ficam em segundo plano, ou pior, desmaterializam-se e desintegram-se, assim nos fechamos na relação. Colocamos os nossos pais de lado, chutamos os amigos para escanteio, e nos colocamos no centro, e isso é tão verdade.

Vejo constantemente jovens que fogem com o(a) namorado(a), saem de casa, abandonam família, tudo em nome do amor (paixão); fazem represálias contra os pais, se revoltando (uma coisa é certa: o(a) namorado(a) nunca irá substituir o papel de seus pais); outros rompem relações de anos com amigos por um(a) namorado(a), que conheceu apenas há alguns dias; perdem interesse pelas outras áreas da vida, relaxam nos estudos, esquecem compromissos sociais, pois só pensam no namoro...

Uma relação que poderia trazer alegrias e possibilitar crescimento torna-se um veículo de ciúmes, disputas, brigas, divisão, tanto na família quanto nas relações de amizade. E o lamentável é que depois de negligenciar pais e amigos, como sabem, a paixão dura pouco, ficando a dor de perceber mais tarde que no final das contas serão os pais e amigos que nos ajudarão a juntar aquilo que espalhou-se (sentimento, respeito, consideração) por causa do alvoroço de uma paixão.

Quando a relação é alicerçada no amor, a atitude é completamente inversa, de forma que não negligencia (despreza) a importância dos pais e amigos, pois os mesmos têm papel fundamental e, portanto, não teria por que desprezá--los. Uma característica importante de um namoro maduro é não sair do convívio social, mas estar neste convívio de pais e amigos, somando as relações existentes, ocorrendo uma expansão de relacionamentos, abrindo novos horizontes e perspectivas de crescimento. O casal sabe que as pessoas que o cercam servirão de suporte para o sucesso do namoro, com isso as relações com os amigos continuam, com os pais também, e os laços de vida são reforçados por mais uma pessoa: aquela com quem se está namorando.

Castidade. O que é isso?

6

a) Vocação à castidade

"A castidade significa a integração correta da sexualidade na pessoa e com isso a unidade interior do homem em seu ser corporal e espiritual" (Catecismo 2337).

A castidade implica necessariamente integrar, criar uma harmonia, pôr em ordem a sexualidade, sem castrá-la ou reprimi-la, mas usar dela para levar a uma restruturação interior e unificar o homem num todo: corpo e alma. Proporcionando um equilíbrio interno, mantendo a integridade da pessoa.

"A castidade comporta uma aprendizagem do domínio de si, que é uma pedagogia da liberdade humana. A alternativa é clara: ou o homem comanda suas paixões e obtém a paz, ou se deixa subjugar por elas e se torna infeliz" (Catecismo 2339).

A grande dificuldade que o homem encontra atualmente é em relação às questões da sexualidade e com ela seus desejos, suas paixões... normalmente tudo que envolve a libido. Tudo se pode fazer, principalmente quando o "tudo" envolve prazer; o homem é livre para fazer o que bem quiser, perdeu-se o sentido de limites e, nesta história, o homem torna-se um brinquedo nas mãos de seus instintos e dese-

121

jos, perdendo sua liberdade e dignidade, ficando preso e amarrado pela força de um impulso interno e cego, guiado pela ideologia hedonista da sociedade e da mídia que prega insistentemente "use e abuse" do sexo/genital. Podemos perceber isso, por exemplo, observando a grande venda de revistas como a *Playboy*; traduzindo seria: "brinque garoto", o brincar o distancia da liberdade e o conduz a estar cativo de suas próprias paixões e desejos.

A castidade vem ao encontro dessas prisões, por ela o homem consegue resgatar sua liberdade e dignidade de não estar apenas na condição de animal, mas de ser verdadeiramente humano, imagem e semelhança de Deus, não uma imagem distorcida. É também um processo de domínio de nós mesmos, é um trabalho que exige esforço paulatinamente de subir o degrau que nos aproxima da santidade de Deus, e esse esforço pode tornar-se mais ou menos intenso, dependendo das circunstâncias, e ela é particularmente uma opção pessoal, mas dependendo também do ambiente onde está se inserido, ambiente que respeite e favoreça as condições de reforço para a busca da castidade.

Com certeza, a castidade é uma virtude moral mas também um dom de Deus, uma graça do Espírito Santo que concede a nós uma força que alia nossa fraqueza e nos faz desejar ser mais santos.

A castidade é sustentada pela Caridade, é uma escola do exercício do Amor-doação, tanto o amor-próprio, quanto o amor ao próximo, criando assim fidelidade, respeito e temor a Deus. A castidade é uma opção consciente de quem deseja evitar as consequências do mau uso da sexualidade; é uma escolha lúcida, esclarecida, entendida, de quem descobriu a beleza, riqueza e grandeza de sua sexualidade, de quem não quer jogar tudo isso na lata do lixo; um ideal que nasceu no coração daquele que experimentou a alegria de ser "templo onde habita Deus", que decidiu coerentemente guardar de maneira sadia sua sexualidade para mais tarde usá-la com toda a sua potencialidade no momento certo, na hora certa, com a pessoa certa, e certamente encontraremos isso no matrimônio.

b) A castidade não é uma opção alienante

Busca-se a castidade não para fugir da realidade, mas para enfrentá-la, com os pés no chão, e como arma eficaz ela não frustra, mas tranquiliza, não enfraquece nem diminui o desejo (tesão), mas o põe em ordem, fortalece o autodomínio, o autocontrole, a autoestima, e isso se adquire com uma autodescoberta. Esses "autos" não se classificam como algo alienante, mas lúcido, consciente. Não se opta pela castidade por pressão legalista, por medo ou influência de outras pessoas, esta é uma opção que parte de um querer particular maduro.

É para os solteiros uma preparação para o casamento, levando assim frutos de respeito, limites, amizade, fidelidade, ternura, reservados para o tempo do casamento, ao longo de uma vida casta e santa; mas não é fácil manter uma vida casta, é uma constante luta de acertos e erros, uma aprendizagem sem dúvida com pedras e, às vezes, com espinhos. No entanto, se a abraçarmos de forma consciente, sabendo que para nós ela é um bem, que o próprio Jesus nos orientou a ser santos e que as relações sexuais antes do casamento trazem complicações, traumas, recalques, neuroses, feridas... que podem ser simplesmente evitadas pela vida casta, não teremos tanto medo de assumi-la.

A castidade vem para educar, pois educação, no que diz respeito ao sexual, é fundamental, e o papel dela é polir, moldar, dar equilíbrio à pulsão sexual ou instinto; vem no sentido de harmonizar e ordenar a libido inerente a nós, o divino fazendo parte das nossas estruturas mentais e por decorrência, sexuais, pelo dom da castidade.

Não nos entregarmos ao pecado poderia ser correlacionado com aquilo que Freud fala: a "pulsão de morte ou instinto de morte", de uma tendência à destruição, nos oferecendo como instrumentos do mal a serviço da degradação pessoal; é necessariamente importante termos domínio sobre nós mesmos pela força do Deus vivo, pois humanamente é um tanto difícil. *"Não há peso para pesar o valor de uma alma casta"* (Eclo 26,20).

A castidade é um grande trunfo nas mãos de jovens cristãos, de valor inestimável aos olhos de Deus. No mundo e na sociedade em que vivemos, porém, ela é loucura, é inconcebível, é ofendida muitas vezes, sem nos darmos conta, e percebemos somente quando ela enfraquece em nós, e é ferida, violada, criticada, rejeitada, nos deixando à mercê de nossos apetites, paixões e desejos.

c) Ofensas à Castidade

O Catecismo da Igreja Católica enumera algumas causas de ofensa à castidade: a luxúria, a fornicação, a pornografia e a masturbação.

Luxúria: "É um desejo desordenado ou um gozo desregrado do prazer venéreo. O prazer é moralmente desordenado quando é buscado por si mesmo, isolado das finalidades de procriação e de união" (Catecismo 2351). A libertinagem está presente, o sexo compulsivo, excessivo. A luxúria mórbida é quando toma posse da mente e repercute em atos.

Fornicação: "É uma união carnal fora do casamento entre um homem e uma mulher livres. É gravemente contrária à dignidade das pessoas e da sexualidade humana, que é naturalmente ordenada para o bem dos esposos bem como para a geração e a educação dos filhos" (Catecismo 2353). Seriam as relações pré-conjugais, o sexo antes do casamento, cujas consequências já foram mencionadas anteriormente.

"Fugi da fornicação. Qualquer outro pecado que o homem comete é fora do corpo, mas o impuro peca contra o seu próprio corpo" (1Cor 6,18).

A fornicação vem acompanhada da malícia, da cobiça; o desejo fica a serviço do prazer desmedido.

Pornografia: "Consiste em retirar os atos sexuais, reais ou simulados, da intimidade dos parceiros para exibi-los a terceiros de maneira deliberada" (Catecismo 2354). Ou seja, a pornografia é todo o material erótico/sexual, com a finalidade de proporcionar excitação que pode ser na forma de revistas, filmes, CD ROM,... facilmente encontrados em bancas de revistas, locadoras de vídeo, internet, canais fechados de TVs pagas, exclusivos para esses fins, entre outros.

Mas o que necessariamente a pornografia ofende e prejudica?

A primeira coisa seria uma distorção do ato sexual e conjugal do casal colocando a mulher num papel de objeto a ser usado pelo homem, sem o mínimo de respeito, apresentando a mulher como uma ninfomaníaca (tarada) que está pronta para qualquer perversão masculina e de uma forma enlouquecedora, para satisfazer os apetites mais mórbidos de seu macho, fazendo do sexo um deus, e os dois, por sua vez, "máquinas e robôs" do Sr. Sexo, estabelecendo uma relação puramente genital e superficial, diferenciada apenas de cama para cama.

Existe aprendizagem para quem quer iniciar-se nas práticas sexuais?

Creio que não. Uma das grandes mentiras é a forma como é passada: "sexo/atlético", "sexo/livre", "sexo/transdimensional"... Longe da realidade verdadeira. Pode ser também um veículo perigoso para formar desvios patológicos na sexualidade, tais como as parafilias: pedofilia (desejo sexual por crianças), zoofilia (desejo sexual por animais), sa-do-masoquismo (desejo sentido através da dor, sofrimento alheio ou pessoal) entre outras perversões.

Lembro-me que assistindo ao noticiário na TV, a reportagem apresentava um caso de um grupo de rapazes (cinco no total), que se reuniram para assistirem a um filme pornográfico e que durante a projeção do filme o próprio grupo violentou um dos garotos que também assistia ao filme, todos adolescentes entre 12 e 17 anos. Quem foram os culpados, os garotos?

Também. Mas o que estimulou esses jovens? O filme? Com certeza o filme ajudou, mas na história desses jovens provavelmente há sinais de excesso de pornografia reforçando assim esses comportamentos. "Uma andorinha só não faz verão", um filme só não faria isso, por trás pode-se imaginar que tiveram outros, começa assim: um filminho, uma revistinha, culminando talvez em atos pervertidos, dependendo da estrutura psicológica de cada indivíduo, mas o difícil é saber quem é psicologicamente estruturado para resistir a tamanha investida de cenas, fotos e imagens pornográficas.

Uma outra coisa que pude notar entre os jovens é uma tendência a descaracterizar a imagem das pessoas, as mulheres no caso dos rapazes passam a ser olhadas como objetos de prazer, "tesão ambulante". Em relação aos sentimentos, os rapazes ficam confusos, se, por exemplo, não conseguirem ter o desempenho cinematográfico e viril dos filmes, a sexualidade fica frustrante. Na maioria dos casos, se é difícil o acesso sexual às mulheres, os rapazes lançam--se à masturbação ou talvez, não se sabe, desenvolvam distúrbios psíquicos.

Prostituição: "Vai contra a dignidade da pessoa que se prostitui, reduzida assim ao prazer venéreo que dela se obtém. Aquele que paga, peca gravemente contra si mesmo, viola a castidade à qual se comprometeu no seu batismo e mancha o seu corpo, templo do Espírito Santo" (Catecismo 2355).

A prostituição é um mal que desde os primórdios acompanha o homem. Com ou sem consentimento a pessoa é violada na sua dignidade, banaliza a sexualidade, expõe sua privacidade, vende, entrega, usa deliberadamente seu corpo, a preço de "banana" ou não, vedando os olhos e tornando-se cega pelo dinheiro, que entra e sai fácil, talvez a necessidade até leve a compreender esse comportamento, mas não o justifica. Nesta bola de neve os adultos abusam das crianças, molestando-as sexualmente, mulheres sendo vendidas como mercadorias, pessoas sendo estupradas... A prostituição virou uma rentável fonte de dinheiro que contamina desde classes sociais baixas (a princípio por necessidade) até classes mais altas, pela cobiça de ter mais e mais dinheiro.

Masturbação: "Por masturbação se deve entender a excitação voluntária dos órgãos genitais, a fim de conseguir um prazer venéreo. Na linha de uma tradição constante, tanto o magistério da Igreja como o senso moral dos fiéis afirmaram sem hesitação que a masturbação é um ato intrínseca e gravemente desordenado" (Catecismo 2352).

Quando nos referimos e falamos desse assunto, masturbação, precisamos diferenciar de ejaculação (falando em especial para os rapazes).

A *ejaculação* seria um processo pelo qual o garoto passa no início da puberdade, que ocorre na adolescência (cerca de 12 a 20 anos para os homens), em que os órgãos genitais e toda a estrutura que o compõe amadurecem e tornam-se prontos fisiologicamente para a reprodução. Inicia-se o processo de produção do sêmen, espermatozóides e todas as secreções que compõem o esperma enchem as vesículas seminais, e chegando num determinado momento dão vazão a este material; entra em cena a ejaculação. Podemos entender melhor quando recorremos aos "sonhos molhados" ou "poluções noturnas", que são as primeiras ejaculações. Você lembra rapaz, quando acordou molhado? Saiba, não era urina, mas esperma.

Essas poluções e ejaculações acontecem durante o sono, às vezes com sonhos eróticos, e manipulação do pênis, que é um recurso do próprio psiquismo para aumentar a excitação e com isso chegar à ejaculação, mas às vezes chega um momento em que o próprio psíquico, por ser incômodo acordar molhado ou outros fatores, inibe esse processo, e as ereções e ejaculações passam a ocorrer durante o dia, é bom que o jovem esteja atento a isso para não confundir ejaculação com masturbação.

A masturbação seria o "violar com a mão", a "automanipulação" se dá em tocar, manipular o pênis ou a vagina com ou sem estímulo externo, com apelação erotizante de forma a levar a um alto grau de excitação e por consequência chegar ao orgasmo/gozo, normalmente em busca do prazer, como compensação ou não de algo que falta.

Não se pode negar que a masturbação esteja presente na vida dos jovens, rapazes e moças; ela surge em determinadas fases do indivíduo. Na infância de uma forma não muito importante, levada pelo princípio da curiosidade, na maioria das vezes não persistindo, apenas acontecendo de forma acidental e esporádica mas nada que fortaleça essa prática.

Na adolescência é que ocorre com mais frequência e geralmente é a fase em que a automanipulação dos genitais é mais evidente. Nos rapazes, especialmente, ela surge no início da puberdade, quando ocorrem as primeiras descobertas tanto em nível sexual quanto em nível genital, decorrência das mudanças físicas. Nessas descobertas do corpo é que a masturbação entra em jogo. Quem nunca passou por essa fase? Talvez as meninas digam não, e de certa forma é compreensível, levando em conta o aspecto cultural, mas 90% dos rapazes já passaram pela experiência da masturbação. A masturbação origina-se de diversas circunstâncias: tensão emocional que a própria adolescência traz, mudanças físicas e emocionais, levando a conflitos internos e existenciais, gerando questionamentos dos próprios valores, fazendo-os repensar conceitos, batendo de frente com os pais, professores, amigos e consigo mesmos...

A ejaculação portanto é diferente, pois é decorrência de uma necessidade fisiológica do corpo; ao contrário da masturbação, que é algo procurado por livre e espontânea vontade de forma não natural.

A masturbação prejudica?

A masturbação não está ligada diretamente com a aparição de espinhas, que na verdade é um problema hormonal em função da puberdade ou fraqueza mental, nem com a esterilidade. Pode ocorrer a possibilidade de futura ejaculação precoce, principalmente quando torna-se um vício, pois na masturbação é preciso agir de forma rápida para atingir o gozo e obter prazer. Com isso o organismo condiciona-se a responder aos estímulos de uma forma mais rápida, reforçada pelo psiquismo, fazendo com que o rapaz seja um forte candidato a ter ejaculações precoces no futuro, prejudicando de forma significativa sua vida sexual conjugal (um dos motivos mais comuns de separação dos casais, uma vez que o homem não consegue acompanhar a esposa, pois o mesmo goza muito rápido, antes que a mulher atinja o orgasmo, frustrando assim a relação).

A masturbação não é uma fraqueza mental, mas uma dependência psíquica, uma fixação compulsiva. Na mulher pode acarretar um desinteresse por uma relação real, ficando só na fantasia ou por achar que sozinha se basta em nível de prazer; contenta-se apenas com a masturbação, desconsiderando a penetração e pode ocasionar o lesbianismo (desejo sexual pelo mesmo sexo, no caso o feminino); se além de se masturbar sozinha fizer acompanhada de amigas, ou então se a moça for virgem, poderá perder a virgindade ao introduzir o dedo ou algum objeto que possa romper o hímen.

É imprevisível dizer o que a masturbação pode ocasionar ou causar na vida de uma pessoa, seja ela homem ou mulher. No entanto, durante o tempo em que convivo e escuto os jovens, vejo a masturbação como sintoma de algo que está por trás dela (carências, conflitos, fuga, ócio...). O problema não é a masturbação mas sim o que a leva a ser uma prática constante. Ela é um sinal de que o(a) jovem não vai bem, algo está em desordem, algo está em desajuste, algo está mascarado...

Estando à escuta de rapazes e moças, descobri que muitos não apenas se masturbavam por masturbar, sempre a história de vida explicava tal prática, a carência afetiva estava presente na maioria dos casos: a mãe que não dava carinho, o pai que não demonstrava afeição, o sentir-se rejeitado pela família, sentir-se desprezado pelo meio social (escola, amigos, namorado/a), a cobrança de todos os lados, nos estudos, em casa. A prática da masturbação, nesses casos, justifica-se como uma compensação daquilo que esses jovens não possuem: carinho e compreensão. "Se não recebo de fora eu mesmo dou a mim", isso de forma inconsciente.

O triste é que grande parte dos jovens acaba por cair no vício, criam um mundo só seu, um "casulo", em que as outras relações perdem seu peso, isso acontece normalmente pela existência de dificuldades de relacionar-se socialmente, entregando-se deliberadamente à masturbação ou sendo forçados pelas circunstâncias a praticá-la.

E o estar escravo pode e acontece mesmo com cristãos: Lembro-me de um encontro de liderança, que ministrei para jovens, numa determinada cidade no interior do Estado de Goiás, em que logo após falar sobre o namoro e suas complicações, e esclarecer alguns aspectos sobre a masturbação, um rapaz apresentou-me em particular sua queixa em relação à masturbação. Dizia ele que só naquele dia (e era o primeiro) tinha se masturbado 5 vezes, e todas as vezes que encostava de forma mais íntima nas pessoas já pensava em se masturbar. Imagina você que estávamos num lugar de oração, já tinha buscado tentar se controlar, sem resultado, e se apresentava numa situação que lhe causava angústia. Após a queixa daquele rapaz rezei para ele pedindo libertação de toda força escravizadora que estava naquele jovem de forma patológica. Graças a Deus que Jesus liberta os cativos e pela oração trouxe liberdade à sexualidade. Às vezes é necessário intervenções como estas na vida dos jovens, pois sozinhos torna-se difícil.

Existe até aquela cena clássica em que o garoto, com revistas debaixo dos braços, vai para o banheiro de casa e fica horas "lendo", e sai de lá até amarelo. Alguns pais acham normal, que faz parte da idade, que é assim mesmo. Outros ficam preocupados, chegam até a bater no adolescente de forma punitiva e agressiva. Nenhuma das duas atitudes são "legais", não são educativas, não orientam o jovem; a omissão e a punição devem dar lugar ao diálogo, e após ele saber o que levou o jovem a estar praticando a masturbação.

Após alguns anos de experiências, pela observação e escuta de muitos jovens, tanto rapazes e garotas, pude classificar alguns distúrbios que surgem pelo vício da masturbação, não todos, é claro, mas os que aparecem frequentemente:

Distúrbios psíquicos: A insegurança torna-se presente, a insatisfação interior vai aumentando; a dependência emocional das sensações, levando posteriormente ao sentimento de culpa, vazio e solidão sem saber por quê;

medo, sentimento de estar sendo observado(a), e isso vai manifestar-se de formas diferentes de pessoa para pessoa.

Distúrbios sociais: Isolamento social, dificuldades de estabelecer relações de namoro, amizades, vergonha, timidez, introversão, criação de um mundo fantasioso e diferente da realidade.

Distúrbios espirituais: Afastamento contínuo dos sacramentos, distanciamento de Deus e perda do temor, enfraquecimento da fé e por decorrência abandono da mesma, perda da noção de pecado dando vazão ao deleite e buscando outras fontes de prazer cada vez mais prazerosas, levando ao sexo desregrado, perda do ânimo de vida de oração individual e comunitária, eliminação do louvor.

Quando classifico esses distúrbios geralmente eles se apresentam de maneira mais intensa nos jovens que têm uma noção cristã e os valores espirituais que a acompanham. Para jovens que desconhecem uma espiritualidade a mais, esses distúrbios são menos intensos pois existe aquela concepção errada de que tudo é normal e não se tem nada a perder. Existe, porém, o predomínio de muitas consequências do mau uso da sexualidade, que se encaixam perfeitamente no mencionado acima, salvo apenas a intensidade com que se é encarada; alguns distúrbios podem instalar-se e tornar-se irreversíveis.

É pecado?

A Igreja diz que é pecado. Mas o que é pecado?

É tudo que fere, denigre, mancha, prejudica de qualquer forma o outro, a Deus ou a mim mesmo. É desamor.

Somos imagem e semelhança de Deus e o que Deus é?

Como diz na 1Jo "Deus é Amor", a essência de Deus é amor, amor Oblativo, amor Ágape, Fonte e Manancial, amor Doação, doar ao próximo, não desamor. Temos essa missão de distribuir, repartir, fomentar amor, mas infelizmente há muitos rapazes doando amor para o vaso, ralinho do chuveiro, fronha da cama... Você me entende?

Isso não é amor-doação

Pode ser doador de esperma, mas não de amor.

Geralmente, os "doadores" tornam-se escravos de si mesmos, a isso poderíamos chamar "pecado", sem falar das intenções e motivação que levam a estar na prática da automanipulação.

Ser casto(a) é dizer não a esse lamentável quadro de desrespeito ao ser humano que deixou de ser homem e virou macho, que deixou de ser mulher e virou fêmea. Muitos falam que é extremamente difícil viver em castidade, principalmente quando "Só pensam naquilo: sexo".

d) Só pensam naquilo: Sexo

Muitos jovens, em particular os rapazes, reclamam ou arrumam desculpas dizendo que não conseguem ser castos porque pensam o tempo todo em sexo. A luxúria, a fornicação, a prostituição, a pornografia e, por decorrência, a masturbação permeiam a cabeça da moçada; mesmo que não as pratique (talvez por falta de oportunidade) eles não deixam de pensar nessas coisas, dando vazão ao deleite, é lógico que levando em consideração a fase da puberdade em que ocorre o despertar para o sexo oposto, a curiosidade; mas venhamos e convenhamos, despertar da puberdade tem limites, sem falar na sociedade sexocêntrica em que estamos inseridos, que proporciona, induz, incentiva, estimula a estar realmente "só pensando naquilo" mesmo.

As nossas relações estabelecidas com as pessoas, coisas e com tudo o que nos envolve estão indiretamente ou diretamente impregnadas com uma conotação sexual e sensual-erótica.

Não é exagero! Os meios de comunicação dão muito suporte nesse sentido, principalmente quando diz respeito ao IBOPE, se a nudez, a apelação sexual, a privacidade invadida, em nome da audiência aumentam, tudo vale, e nessa história o sexo é uma força atrativa e significativa. Assim com tanta exposição gratuita de "bumbuns", coxas", "seios", sem dúvida a castidade torna-se difícil de praticar, não há santo que ajude.

Mas o que fazer? Desistir de ser casto(a)? Não.

Brigar com todo o mundo? Condenar? Julgar? Também não. Seu papel não é esse.

Você lembra de um ditado popular que dizia: *"Os incomodados que se mudem?"*

Entenda, esperar que toda uma sociedade mude seus padrões, conceitos e valores do dia para noite é utópico, "pode tirar o cavalinho da chuva, se não ele gripa"; em uma sociedade que tem a adrenalina no sangue misturada com "sexualina" ao som dos tambores frenéticos do samba com o swing da Bahia, se for esperar mudança dela você nunca será casto(a) e tampouco santo(a).

Jovens reclamam que ligam a TV e há casais transando, violência... Mas esquecem que existe um aparelhinho chamado controle remoto que pode mudar num simples toque o canal. Não é? Uns dizem que querem ser castos, mas nas madrugadas da vida estão de olhos grudados em programas eróticos que passam na TV ou navegam na Internet em páginas que contêm material erótico.

Se você só pensa naquilo, mude seu comportamento, é claro que está sendo alimentado por algum estímulo, externo, é claro que esse pensamento tem sido nutrido de alguma forma. Ou através de cenas sensuais, ambientes provocadores, conversas com amigos, revistas, ou então de tudo aquilo que tenha uma conotação erótica. Esse pensamento não vem assim do nada, não surge sem ter sido despertado. Evite ocasiões que estimulem sua libido.

134

E as fantasias?

Se você quebrar, romper, afastar, evitar as coisas que excitam, erotizam, consequentemente as fantasias sexuais se tornarão menos frequentes; não que irão acabar, pois fazem parte do processo psíquico, as chamadas fantasias oportunistas que aparecem, por exemplo, na poluição noturna (sonhos molhados).

Mas quando a fantasia sexual prejudica ou é pecado?

Talvez não tenha percebido que o que causa mais transtornos para educar, ordenar e até mesmo, grosseiramente falando, domar, seria o sexo psíquico, ou seja, o que passa pela cabeça.

Pensamos mais em sexo do que fazemos, você pode passar 24 horas pensando em sexo (e tem pessoa que fica), mas fazê-lo é diferente, e se formos parar e pensar o corpo não necessita tanto de sexo assim, mas o psiquismo descontrolado sim.

A castidade começa por aí, pelos pensamentos, ideias, lembranças, pela diminuição das fantasias. As fantasias prejudicam e tornam-se pecado quando o jovem vê algo (sujeito ou objeto), aquilo entra pelo sentidos e é internalizado, essa fantasia vai para a mente, passa para o coração e por sua vez termina nas mãos em forma de atos.

As fantasias anteriormente eram mais escondidas, censuradas, resguardadas; antigamente a fantasia era fantasiar como seria a anatomia de uma mulher por debaixo de uma comportada e comprida saia. Agora as fantasias, que estavam no campo da imaginação, tornaram-se reais e muitas até ultrapassadas, e com o tempo vai exigindo-se mais outras e outras para sobrepor as que deixaram de ser, desencadeando fantasias as mais diversas possíveis, beirando à perversão.

Quem pensa demasiadamente em sexo acaba geralmente dando vazão ao desejo pela via da masturbação, sozinho ou a dois, ou então no sexo propriamente dito.

Você não nasceu para o sexo, nem tampouco para ser escravo dele. E se pensa demais, excessivamente, em sexo, é sinal de uma desordem emocional ou psíquica, algo não vai bem e pode tornar-se patológico (doença), pecado, por ser desamor contra as pessoas e contra si mesmo. Como Diz São Paulo aos Filipenses 4,8ss.: *"Além disto, irmãos, tudo o que é verdadeiro, tudo o que é nobre, tudo o que é justo, tudo o que é puro, tudo o que é amável, tudo o que é de boa fama, tudo o que é virtuoso e louvável, eis o que deve ocupar vossos pensamentos".*

Mas o que fazer com o impulso sexual, com essa libido que não é pouca?

O que fazer, sem medo de falar, com o "Tesão" que temos?

Sufocar, esconder, reprimir ou só tomar um banho que está tudo resolvido?

Não! E esse caminho é paliativo, passageiro, a princípio até resolve, mas não dura, é como a história da "panela de pressão", chega um ponto que o fogo da panela aumenta, a tampa não suporta a pressão e acaba estourando e com certeza o que há dentro da panela vem à tona com mais força, causando estragos para a pessoa e para as que estão em volta.

Das vezes que orava para cura de feridas e traumas com uma jovem, após ter sido libertada de um profundo ódio e mágoa de um namorado, ela partilhou o motivo do ódio e da mágoa: dizia ela que no começo do namoro o rapaz se apresentava respeitador, ajuizado, sem segundas intenções, chegando a ser até puritano demais, e assim não levantava a menor suspeita. Numa das vezes, porém, que saíram juntos ele bebeu um pouco a mais e transformou-se (falava chorando), mudou completamente seu comportamento, a ponto de violentá-la sexualmente.

E como chegou a esse ponto ela não entrou em detalhes, e nem é importante, denunciá-lo não sei se o fez, mas é

136

de extrema importância refletirmos o que levou o rapaz a esse comportamento inaceitável. Ele que aparentemente se mostrava ser perfeito, respeitador? Talvez repressão ou algo nesse sentido. Não resolve. Não adianta. Um dia todo desejo reprimido vem à tona. A castidade torna-se eficaz se ela caminhar junto com a *sublimação*, mas o que seria isto? Parece até um palavrão, não é?

Sublimação: seria o direcionar, desviar, canalizar toda a energia, tensões sexuais, que temos, de seu propósito original para outras atividades, sejam elas sociais ou espirituais, colocando-a a serviço, uma ocupação mais saudável e produtiva para o jovem como: praticar esportes, dedicar-se às práticas de leitura, ouvir uma boa música, fazer cursos que tomem e exijam tempo para a aprendizagem: inglês, violão, canto, computação; trabalho, escola, faculdade etc.

Ocupações em atividades de caridade e ajuda ao próximo, que geralmente nos fazem tirar os olhos de nós mesmos e voltá-los para o irmão. Na igreja há muitos programas pastorais que visam este enfoque de promoção humana, por exemplo o movimento dos Vicentinos e também na RCC, ou seja gastar-se pelo irmão. Dedicar-se à oração, adoração e contemplação a Deus Eucarístico; passeios com amigos ou família em cinemas, teatro, shoppings, clubes...

Sua cabeça não foi feita apenas para pensar "naquilo", "nas bobagens", existem outros aspectos da vida que precisam ser observados e valorizados. O jovem que vive em função de uma única coisa, seja o sexo ou não, esta fixação tende a escravizar e privar de ter uma qualidade de vida melhor, e se você, leitor(a), encontra-se com uma fixação "naquilo", saiba que a castidade está para todos que a desejam, inclusive ter também uma vida mais livre, mas "saia de cima do muro".

e) Saia de cima do muro

Esse negócio de ser mais ou menos casto(a), de ser mais ou menos santo(a) não cola, nem é honesto. Ou você é casto ou não. Você busca santidade ou não. Não existe um meio-termo, não condiz com o cristianismo viver em duplicidade, hoje eu acordo casto, amanhã eu deito e rolo na fornicação, prostituição...

A maior vergonha para a Igreja (desculpem o termo) é ter cristãos medíocres, que usam de uma hipocrisia, de uma falsa religiosidade e conversão, que num dia louvam o Senhor, no outro o negam, como diz o próprio Jesus: *"Ai de vós, escribas e fariseus hipócritas! Sois semelhantes aos sepulcros caiados: por fora parecem formosos, mas por dentro estão cheios de ossos, de cadáveres e de toda espécie de podridão. Assim também vós, por fora pareceis justos aos olhos dos homens, mas por dentro estais cheios de hipocrisia e de iniquidade"* (Mt 23,27-28). Cristãos com uma fé geladinha, que em vez de edificar a Igreja ajudam a denegri-la. O mais coerente é se posicionar numa condição de castidade e santidade, assumindo as consequências, recebendo ou não os frutos dessa opção.

Agora pegou "pesado", não foi? Mas a vida tem momentos que exigem de nós escolhas, quem está em cima do muro tende a cair de um lado ou de outro. Eu estou apenas dando uma mãozinha: empurrando. A escolha é sua.

Para ilustrar há dois casos típicos no Evangelho de jovens que optaram por uma condição de vida na santidade e castidade ou não. A liberdade de escolha usada com liberdade sem forçar, obrigar, impor... De um lado o Jovem Rico em Lc 18,18ss., que narra o episódio em que um jovem chega diante de Jesus e pergunta o que era preciso para ter a vida eterna. E Jesus lhe responde: necessariamente viver os Dez Mandamentos, e ele, por sua vez responde que vivia isso tudo (será?), ele era um jovem justo, seguia todos os mandamentos, talvez se fosse nos dias de hoje ele frequentasse a missa, grupo de oração, reza do terço..., seguia, mas não os vivia integralmente. Jesus porém sabendo com certeza que ele se encontrava "em cima do muro" em relação a viver plenamente os Dez Mandamentos, no caso poderíamos dizer a "castidade", olhou nos olhos do jovem, amou-o e disse: "Ainda te falta uma coisa: vende tudo o que tens, dá aos pobres, e terás um tesouro no céu; depois vem e segue-me". Jesus o colocou numa posição de escolha. O que ele fez?

Disse não, categoricamente não! Será que ele foi radical respondendo dessa maneira ao plano de salvação e ao amor de Jesus? Será que foi uma atitude impensada? Foi egoísta, pois só pensou na riqueza que possuía? Não se sabe, e o próprio Evangelho não comenta, e talvez a intenção seja esta mesma, de nos colocar na situação do jovem da história e respondermos sim ou não. Diante desta posição tomada pelo jovem, vejo nele uma coisa que nos falta: Coragem. De optar, de não estar "em cima do muro", mas posicionando-nos de um dos lados, criar vergonha na cara de vestir ou não a camisa manchada de sangue de Jesus, sinal de amor por nós. *"Ou somos quentes ou frios, se fomos mornos, o próprio Deus irá nos vomitar"* (citação livre de Ap 3).

E por outro lado houve um Jovem que se posicionou de maneira contrária ao Jovem Rico, ele teve a coragem de optar por Jesus e render-se ao seu Plano de Salvação e amor, não mediu esforços em gastar-se por Jesus, e seu querer era querer estar amando Jesus, e como o próprio Evangelho fala: "João, o discípulo mais amado de Jesus", que trocou todos os bens que possuía para apenas estar "reclinado ao peito" do Mestre, seu bem maior.

"Um dos discípulos, a quem Jesus amava, estava à mesa reclinado ao peito de Jesus" (Jo 13,23).

Tenhamos consciência que o Senhor não vai deixar de nos amar se não optarmos pela santidade e castidade e por uma plena dependência dele, mas com certeza o coração de Jesus será ferido por ver as consequências de morte em nossa vida e cabeçadas que iremos dar, por não querermos caminhar sob sua orientação e pedagogia de Amor.

Teremos de ter coragem para o não e para o sim, dizendo sim como Maria e como São José, na vida e no namoro, nossa história vai mudar e seremos como o Jovem João, o discípulo mais amado de Jesus, não melhor que o outro, o Jovem Rico, mas com a graça de estar na intimidade de Jesus, não isentos de sofrimentos, mas fortes para enfrentá-los, não sozinhos e sim com a companhia de Jesus.

Sem a castidade somos meros machos e fêmeas nas mãos de nossos desejos, manipulados e subjugados, sem nos darmos conta dessa realidade. Desafio você macho e você fêmea, após ler este capítulo, a ser: casto(a)! Tornados homens e mulheres, filhos e filhas de Deus, livres.

f) Fortalecendo a Castidade

"Tudo posso naquele que me fortalece" (Fl 4,13)

A carne é fraca. Estamos cansados de saber que diante dessa sociedade sexista em que vivemos, em que "só pensamos naquilo", em que tudo podemos fazer, e tudo e muito mais que já foi dito sobre o perfil de nossa sociedade, a carne é fraca mesmo, principalmente quando não usamos de meios para fortalecê-la. É gritante a urgência desse fortalecimento, em especial de quem diz ser cristão e optou pela castidade, para não ser mais descartável ou objeto nas mãos de muitos, pois tem plena consciência de que é templo do Espírito Santo e por isso deve ser preservado. Jovem, se a carne é fraca, precisamos fazer uma "musculação básica" em nossa castidade; não entenda mal, mas se ela encontra-se raquítica e magrela é preciso que se adquira massa muscular, ou seja, santidade.

"Vigiai e orai, para que não entreis em tentação, pois o espírito está pronto, mas a carne é fraca" (Mc 14,38).

Ou tomar umas vitaminas, tanto espirituais quanto morais, eliminando assim toda anemia e fraqueza que possa ter nossa castidade, inclusive a anemia das desculpas de "não dou conta".

A seguir, leia a bula de algumas vitaminas que você terá de tomar (se quiser, é claro), para fortalecer sua castidade.

• *Vitamina: "V" ergonha na "C" ara.* Desculpem-me, mas não vejo a princípio uma "vitamina" mais eficaz que não seja esta, criar vergonha na cara. É forte? Sim, mas se não for assim não ficaremos fortes. Só seremos castos e santos se o *sim* partir de uma decisão pessoal, a liberdade é nossa e de mais ninguém. Lembra daquela frase: "O querer é meu, mas o poder vem de Deus"? É por aí, sabemos das consequências do mau uso da sexualidade, que são: DSTs (Doenças Sexualmente Transmissíveis), AIDS (Síndrome da Imunodeficiência Adquirida), gravidez precoce, abortos, traumas, recalques, feridas afetivas, sobretudo a banalização e degradação do corpo, e todas as outras coisas que foram ditas anteriormente. Diante de tudo isso, o que nos resta fazer, além de cruzar os braços, é pôr as mãos à obra? Santificar-nos!

PS. Posologia: Tomar várias doses, sem contra indicação ou reações adversas, até que você sinta a pele da "cara" melhor.

• *Vitamina: "S" antíssima "T" rindade:* (Unidos venceremos). Ninguém faz nada sozinho e nem é suficientemente forte em tudo, sozinhos chegaremos somente a um único lugar: ao nosso próprio limite, que é muitas vezes difícil de ultrapassar, mas quando somamos nossa força à de uma outra pessoa ela toma grandezas, jamais pensadas por nós, nos surpreendendo e motivando. Um gafanhoto sozinho em uma plantação é inofensivo, mas quando se junta a outros a plantação é destruída por completo. Um só pingo d'água não molha quase nada, mas ao se juntar com outros produz uma tempestade que pode inundar grandes extensões de terras.

Acredito que você tenha entendido, quando nos juntamos à Santíssima Trindade, somos mais que vencedores, Deus Pai amoroso, que diz a nós que não somos apenas criaturas, mas imagens dele, preciosos, queridos, predestinados a ser santos. Os jovens que passam pela experiência e bebem do Amor incondicional de Deus Pai adquirem a convicção de que não são qualquer coisa, por isso mesmo têm valor. Na castidade esse valor acentua-se e torna-se maior, sendo uma resposta a Deus de quem entendeu a mensagem de um Pai que amou, a ponto de dar seu próprio Filho, Jesus Cristo, para morrer por nós, e este mesmo é fonte de Castidade e Santidade.

Deus Filho é sem dúvida a maior vitamina, fortificante, energizante para a castidade anêmica e fraca que temos. Na comunhão recebemos Jesus Vivo que cura, liberta e enche de força a cada um que se alimenta dele; aquela mesma força que o fez sustentar o madeiro nas costas, ser torturado, flagelado, crucificado. Força que demonstrou o quanto ele foi forte, o quanto sua carne foi agredida pelos açoites...

Da mesma forma, mas não nas mesmas circunstâncias e intensidade como as de Jesus, somos também açoitados na castidade a todo instante pelos açoites sexistas da sociedade, por isso carecemos dessa Força de Jesus. E, completando o quadro, a pessoa do Espírito Santo, que nos convence da verdade, que fala ao coração, move-se em nós revelando a vontade do Pai e do Filho, nos impulsionando a caminhar em direção a uma vida nova, plena, gritando para esse mundo sexista: "Unidos, venceremos!"

PS. Posologia: Tomar todas as vezes que achar necessário.

Precauções: Dosagens altas causam dependência e extrema felicidade.

• *Vitaminas: "J" osé e "M" aria*. Olhando para esses dois exemplos, é indiscutível como são para nós remédios, ou melhor, vitaminas contra qualquer esquecimento de buscar uma vida casta e santa. São pessoas que mostram a transparência de uma vida pautada na castidade e no amor, e nos levam a desejar ter um comportamento parecido de dedicação diária no cumprimento da vontade de Deus, na valorização de suas vidas e corpos, que são reflexos de Deus. Não existe um exemplo mais concreto de casal 100% homem e mulher, que viveram um relacionamento no limiar da graça e do humano de uma forma tão sadia. Dois "sim" que nos ensinam a percorrer este caminho de consagração, de sacrifício, de louvor, e não de dor, mostrando-nos com seus atos que tudo é possível àquele que crê.

PS. Posologia: Tomar essas vitaminas todas as vezes que esquecer de ser casto.

Efeitos colaterais: Causa santidade.

Indicação: Para todos os casais de namorados.

• *Vitamina: "S" acramentos*. Vitamina que causa efeitos rápidos na vida de quem bebe e se alimenta dela. Essa vitamina é encontrada em várias versões: batismo, confissão, eucaristia, crisma... e é usada principalmente por pessoas cristãs; está disponível, sem receita médica ou pessoal, não custa nada, minto, custa o preço de sua fé. Agora, falando sério, os sacramentos são fontes inesgotáveis de força para nos fortalecer no que diz respeito à castidade, tapam qualquer brecha que esteja vulnerável em nossa vida.

PS. Posologia: Tomar todas as vezes que se sentir fraco.

Importante: Essa vitamina contém substâncias de outras vitaminas, como por exemplo: "S" antíssima "T" rindade.

Vitamina "J" ejum e "C" aridade. Essa primeira é como se fosse para abrir o apetite espiritual, ela funciona da seguinte forma: você a toma para sentir fome das outras vitaminas, isso acompanhado da segunda vitamina: "C". Agora, sem brincar. O jejum revitaliza nossa decisão e fere a carne, colocando-a na posição que lhe é própria, sob o domínio de nossa vontade e sob a força do espírito, para viver a castidade. Pode ser jejum de alimentos, bebendo somente água, jejum de algum alimento preferido, entre outros, sempre acompanhado da caridade.

Ps. Posologia: Tomar quando sentir necessidade.
Importante: Somente tomar juntas "J" ejum e
"C" aridade.

Advertência: Todas essas vitaminas devem ser tomadas com um copo cheio de oração pessoal.

Talvez você tenha achado meio maluco e engraçado, mas foi a forma que achei para melhor dizer as coisas profundamente sérias, que têm a função de tornar sua vida de santidade e castidade melhor e sem dor, mas sobretudo com liberdade. Então, se sua castidade se encontra fraca, as vitaminas estão aí, é só bebê-las, e, se estiver namorando, ofereça-as para seu(sua) namorado(a).

O sofrimento no namoro

9

O sofrimento está presente em toda a história da humanidade, desde o princípio. Tem nos acompanhado e deixado marcas em nosso corpo, alma, onde quer que ele apareça seus sinais ficam, assistidos por lágrimas, gemidos, dor... Temos pavor de tudo que cause sofrimento, queremos fugir dele, corremos de qualquer coisa que nos faça sofrer; se fosse possível ele não existir seria uma graça. Sabemos que o sofrimento entrou no mundo através do Pecado Original, o homem não entendeu o plano de Deus e virou-lhe as costas, pecando (Gn 3,1ss.), e isso trouxe sofrimento. E o mesmo de lá para cá, usou toda a sua inteligência para evitar o sofrimento, inventou a anestesia, remédios, como analgésicos entre outros, tudo para evitar a dor e o sofrer, mas se limitou apenas ao nível do corpo. O sofrimento porém é inevitável na vida do cristão, não podemos fugir dele, não temos como evitá-lo, não estamos isentos de sofrimento, ele está inerente na vida do ser humano, mais cedo ou mais tarde ele irá se apresentar a nós.

Jesus não mentiu dizendo que nossa vida seria sempre boa e feliz, ele não nos enganou, disse a verdade, falou que haveria cruz.

"Em seguida Jesus disse a seus discípulos: 'Se alguém quiser vir comigo, renuncie-se a si mesmo, tome a sua cruz e siga-me'" (Mt 16,24).

O sofrimento pode surgir devido a uma doença, velhice, abandono, solidão, vazio, amor, desamor, perda de uma pessoa querida..., todos sabemos o que significa. No namoro não seria diferente, o sofrimento pode surgir por alguns desses motivos ou outros: desprezo, ciúmes, indiferença, traição... Não pense você que o namoro será um mar de rosas sempre.

Esse sentimento é alimentado por aquilo que começamos e deixamos ao longo da caminhada por fazer, é alimentado pelas pessoas que nos amam, e por um motivo bobo não permitimos que elas nos amem de forma mais intensa, pelos abraços negados, pelo perdão não aceito. Tudo isso é substituído pelo orgulho, pelas perdas, pelas decepções, pelas mágoas, pelas conquistas não vividas...

O sofrimento pode sim atingir o namoro ou o término de um, mas não podemos nos abater, esmorecer, desfalecer diante dele; ele não nos pode tirar a força de viver. Quando estamos mergulhados no sofrimento, tendo a depressão como companhia, a angústia, a dor, não queremos entender o mistério que o envolve, o motivo de sua presença. O sofrimento não está ali por acaso, tem um sentido, mas antes de tudo, para entender seu sentido, é preciso enfrentá-lo, entrar em confronto com ele, sem medo, entendendo o seguinte:

1. Deus não está alheio ao nosso sofrimento

"O Senhor disse: 'Eu vi, eu vi a aflição do meu povo que está no Egito, e ouvi os seus clamores por causa de seus sofrimentos. Sim: Eu conheço seus sofrimentos'" (Êx 3,7).

A primeira coisa que passa pela nossa cabeça quando somos afligidos pela dor é achar que Deus nos abandonou, que está distante de nossos sofrimentos e dor, que não se preocupa conosco, com nossas aflições. Não é verdade!

Deus se preocupa conosco, ele vê nosso sofrimento, ouve nossos gemidos de dor. Não está alheio àquilo que nos causa sofrimento. Deus sofre conosco, vive, luta, torce para que não desanimemos, mesmo no silêncio, mas depois nos responde: *"Eu conheço seus sofrimentos"*. Entenda isso! A origem do sofrimento não mora no coração de Deus, não é de sua vontade, no entanto pode até permiti-lo, não como punição ou maldade, mas por Amor, para nos transformar, para sermos melhores do que somos.

2. Enfrente-o, entre em confronto com ele

"No mundo haveis de ter aflições. Coragem! Eu venci o mundo" (Jo 16,33).

Corajosamente, devemos enfrentar o sofrimento e a dor, não permitindo que eles nos desanimem, aniquilem, ou nos tornem um(a) fracassado(a). Não podemos valorizar o sofrimento, posicionando-nos numa situação de sofrimento, de autopiedade, vítima, sofredor(a), um dolorismo profundo. Não! Não! Não podemos aliar-nos a ele, entregar-nos, abaixar a cabeça, dar crédito, mas enfrentá-lo sem medo e com esperança, não vendo apenas o lado negro da situação.

Há pessoas que adoram um sofrimentozinho de estimação, não se contentam quando está tudo bem, gostam de sofrer, adoram um desentendimento, uma briga, uma pitada de sofrimento no namoro. Não nascemos para isso. Tampouco para aceitá-lo de forma passiva, resignada, conformada. Nascemos sim para ativamente sairmos dele, não fingindo que ele não existe. O sofrimento está aí na nossa frente, não temos como negá-lo ou esquecê-lo.

Jesus ensina: "Coragem, eu venci..."

Então enfrente-o! O Senhor irá na frente.

3. Nada é por acaso, tem um sentido

Jovem, o sofrimento não aparece assim do nada, sem um motivo plausível, não vem de graça, não é por acaso que ele surge. Normalmente não o entendemos, não o aceitamos.

Quando porém acontece com o irmão até o aceitamos, mas quando está em nós, atingindo nossa carne, não o compreendemos. Somente depois que passamos por ele é que conseguimos encontrar seu sentido.

E todo sofrimento tem um sentido em nossa vida, algo que é essencial para nós, que fará de nós muito melhores do que já somos, melhores filhos, melhores amigos, melhores namorados... Todo sofrimento leva-nos a fechar-nos em nós mesmos, a sair do externo para o interno, dando sentido para nossa vida, porque nos leva a conhecer aquilo que somos, em áreas desconhecidas do coração; pelo sofrimento as pessoas rasgam-se, derramando mais altruísmo, paciência, humildade...

Neste instante lembro-me de Moisés: Deus inspira Moisés, após sair do Egito com o povo de Deus para a Terra de Canaã, a andar pelo caminho mais longo; sabemos que Canaã não era tão distante do Egito, mas o faz caminhar durante "40 anos", veja que humanamente não tem explicação. Deus permitiu que fosse assim para que o povo não se arrependesse, para que o povo não voltasse atrás, e no deserto fosse formado, no deserto (sofrimento) Deus colocou no coração do povo sua "marca", no deserto Deus revela seu amor.

O sofrimento nos permite retirar a autossuficiência, o egoísmo, as máscaras... é a ocasião mais apropriada, para que a dureza de nosso coração seja quebrantada, e assim sejamos transformados, tornando-nos mais gente, mais ser humano imagem e semelhança de Deus, encarando o sofrimento com lucidez e maturidade.

Muitas vezes ecoam em nosso interior perguntas e mais perguntas, querendo uma explicação para o sofrimento. Por que disso? Por que daquilo?

Não existe explicação para o sofrimento, é um mistério que não cabe a nós desvendar, somente aproveitar deste sofrimento para amadurecer e crescer, não importa o sofrimento, mas sim o que ele proporcionará em nossa vida.

Conheço muitas pessoas que passaram pelo sofrimento, no namoro ou mesmo no casamento (traição, decepção...), como dizem: "Comeram o pão que o diabo amassou", e nunca mais foram as mesmas. O sofrimento e a dor causaram um efeito transformador na vida dessas pessoas, tornaram-se para muitos um sinal de vida e esperança brotada da alma, que um dia foi traspassada pela espada do sofrimento.

"É por isso que não desfalecemos. Ainda que exteriormente se desconjunte nosso homem exterior, nosso interior renova-se de dia para dia. A nossa presente tribulação (sofrimento), momentânea e ligeira, nos proporcionará um peso eterno de glória incomensurável" (2Cor 4,16-17).

Na Cruz, Jesus soube dar Sentido para o sofrimento.

Dê Sentido para o seu!

Frutos de nossas mãos

10

"O homem se farta com o fruto de sua boca, cada qual recebe a recompensa da obra de suas mãos" (Pr 12,14).

Este capítulo se faz necessário para apresentar aos jovens todos os frutos que eles têm colhido, plantados por suas próprias mãos. Veremos que o resultado não tem sido agradável e tem causado muitos estragos, as mãos dos jovens estão cheias de pecados, enganos, mentiras, morte... e os frutos que se colhe têm sido as DSTs, a AIDS, o aborto, e todos acompanhados de sofrimento, dor e morte. Por negarem o Chamado à Santidade e Castidade, caminham como "Cegos Errantes", sem direção, sem rumo, apenas caminham sem saber aonde ir e tampouco se irão chegar, importando-se apenas com o hoje e principalmente em vivê-lo com muito prazer, mesmo que isso lhes custe o corpo, a alma, a vida.

Mencionarei alguns frutos que se fazem presentes nas mãos de centenas, milhares de jovens, que têm dilacerado famílias inteiras e causado medo e preocupações para muitas representações governamentais e não governamentais. Agora imaginem Deus, o quanto ele tem se preocupado. Mostrarei dados, informações de acordo com a OMS (Organização Mundial de Saúde) e outras instituições, esclarecendo dúvidas sobre DSTs, AIDS e Aborto.

1. DSTs

Doenças Sexualmente Transmissíveis (DSTs) são todas aquelas transmitidas na relação sexual. Eram chamadas de doenças venéreas em relação a Vênus, deusa grega do amor. Historicamente, as DSTs sempre foram um problema importante na sociedade, devido a sua forma de transmissão e a todo o preconceito que envolvem. Os médicos romanos, séculos antes de Cristo, recusavam-se a tratar da "doença indecente". Recentemente, descobriu-se que algumas dessas doenças (Condiloma Acuminado e Herpes Genital) atuam como fatores precursores do Câncer de útero e que há associação das DSTs com a AIDS; as doenças que têm sintomas como secreções aumentam a possibilidade de contaminação pelo vírus da AIDS em 2 vezes, já as que causam lesões ulceradas (feridas) aumentam em 9 vezes essa possibilidade. Isso traz a discussão novamente sobre essas doenças.

2. AIDS

Sigla em inglês para Síndrome da Imunodeficiência Adquirida. Doença fatal, provocada por um vírus, o HIV, que provoca perda da capacidade de defesa do organismo, tornando-o susceptível às infecções. Os aidéticos morrem em consequência de moléstias chamadas "oportunistas", é o caso por exemplo da pneumonia por pneumocystis carinii, a tuberculose, o Sarcoma de Kaposi (que afeta a pele e outros órgãos), e muitas outras que atacam os intestinos, o cérebro e os tecidos nervosos. Para o diagnóstico, utilizam-se dois testes, o Elisa (Ensaio Imunoabsorvente ligado à Enzima), que detecta no sangue a presença de anticorpos contra o vírus, e o Western Blot, solicitado normalmente para confirmar resultados positivos do Elisa. Somente o médico, através de exame de sangue, pode dizer se a pessoa está ou não contaminada pelo HIV.

A AIDS ainda não tem cura. Por isso, a única maneira de ficar livre dela é se prevenindo. Se você tem algum sintoma de DSTs, procure um médico.

As pessoas com DSTs têm até 18 vezes mais chances de adquirir AIDS!

Vamos conhecer a palavra AIDS:

A - adquirida - que se pega, não é herdado de pai para filho.

I - imunológica - defesa, proteção.

D - deficiência - fraqueza, sem forças. A defesa do corpo perde a briga contra o HIV.

S - síndrome - conjunto de sintomas ou sinais de doenças.

Precisamos entender que nem todas as pessoas contaminadas com o vírus HIV desenvolvem a doença, mas podem passar o vírus para outras pessoas. A pessoa portadora do vírus HIV também é conhecida como soropositiva. Ou seja, ela tem o vírus, mas não apresenta nenhum sinal ou sintoma da doença. São portanto portadores sadios, que podem continuar assim por muitos anos.

3. Aborto

"Eis aqui a Serva do Senhor, faça-se em mim segundo a tua vontade" (Lc 1,38). Ela disse *sim* a Deus e ao seu bebê.

Definição: Interrupção da gravidez antes da 20ª semana, ou com produto da gestação pesando menos de 500 g ou menor de 11,7cm, ou seja, antes da viabilidade do feto, tanto pode ser espontâneo quanto provocado.

O Aborto deixa consequências?

Além da morte do bebê, o aborto deixa sérias consequências para todas as mulheres que o praticam e/ou para as pessoas que colaboram com essa prática. O aborto causa a separação de Deus. É um pecado mortal. E, quando praticado com plena consciência de sua punição espiritual, acarreta automaticamente a privação dos Sacramentos e de outros benefícios religiosos; além disso muitas mulheres sofrem graves consequências físicas e psicológicas, que se manifestam próxima ou tardiamente.

Consequências físicas: perfuração do útero, hemorragia, perda de órgãos reprodutores, choque anafilático, maior possibilidade de esterilidade, de abortos espontâneos, de gravidez nas trompas, e de nascimento de prematuro. Muitas vezes também pode causar a morte da mulher, mesmo quando praticado por "bons" médicos, em "bons" hospitais.

Consequências psicológicas: culpa, sensação de perda, tristeza profunda, diminuição da autoestima, associação do bebê abortado com outras crianças, distorção do instinto maternal, sentimento de desumanização.

Talvez você me pergunte: mas e em caso de estupro?

Não há como negar que o estupro é uma violência, que deve ser prevenida e combatida, contudo, caso ocorra a gravidez, por que punir o bebê com uma sentença de morte por um crime alheio? E pergunto: será que o aborto apaga as lembranças dolorosas do estupro?

Creio que só aumenta mais a violência, e a do aborto é mais grave, pois houve uma morte. Pense bem: Estupro mais aborto, não seria uma dupla violência contra a mulher? A mulher estuprada não precisa necessariamente ficar com a criança, mas matá-la jamais; entregue-a para uma instituição ou para quem a queira adotar.

Lembro-me de Madre Teresa de Calcutá, que dizia: "Não afirmo que o aborto deva ser ou não legalizado. Penso que nenhuma mão de homem deveria levantar-se para tirar a vida. Toda vida é vida de Deus em nós. E até uma criança não nascida tem a vida de Deus em si. Não temos direito algum de destruir semelhante vida, sejam quais forem os meios que possamos empregar para fazer isso. Homem, mulher ou criança, não existe diferença. Parece-me que nos chega um grito destas crianças não nascidas, que são assassinadas antes de entrar neste mundo. Um grito que ressoa diante do trono de Deus". E disse para uma jornalista norte-americana que a entrevistava: "Se você não quer o seu filho, dê-me: nós o queremos".

Em um discurso na ONU, declarou: "Temos medo da guerra nuclear e dessa nova enfermidade que chamamos AIDS, mas matar crianças inocentes não nos assusta?"

4. Se soubéssemos...

Se soubéssemos de uma arma, um remédio, uma vacina, que fossem suficientemente capazes de exterminar, extinguir, destruir, acabar com todos os males que afligem a saúde, na alma e no espírito, se tivéssemos esperança de encontrá-los, lutaríamos para consegui-los, investiríamos nosso tempo, nossas forças, nossa vontade de um dia ficarmos livres de doenças, que trazem consigo a sombra da morte, que não atingem só o corpo, mas a alma...

Se soubéssemos onde encontrar esse remédio, arma, vacina, pediríamos ajuda às autoridades que nos governam para buscá-los onde quer que fosse, em meio aos confins do mundo ou fora dele, se lá estivessem. Não haveria profundeza suficiente no mar, que nos impediria de chegar lá, não haveria vazio nos céus, que nos impediria de encontrar o concreto, não haveria altura, mesmo a maior montanha que fosse, que nos impediria de escalá-la, se lá no pico encontrasse esse remédio. A partir daí, exigiríamos das autoridades recursos financeiros e tecnológicos para fabricar a arma, o remédio, a vacina... Poderíamos sonhar com a extinção da AIDS, com o desaparecimento das DSTs, com a abolição da camisinha, com a ausência de casos de infanticídio... Esses frutos não mais colheríamos, mesmo que precisasse de sacrifício, mesmo que custasse sofrimento, privação.

Ah! Se soubéssemos...

Talvez passe pela sua cabeça de jovem esse sonho, essa vontade de que o mundo e os cientistas descobrissem isso. Mas se você soubesse... que essa arma, esse remédio, essa vacina ou sei lá, que tanto buscamos, fora e longe, encontram-se em nós mesmos e chamam-se: Virgindade, Castidade e Santidade.

Ah! Se você soubesse...

Agora você sabe!

"Estes são os que não se contaminaram com mulheres/ homens, pois são virgens (castos). São eles que acompanham o Cordeiro, por onde quer que vá, foram resgatados dentre os homens, como primícias oferecidas a Deus e ao Cordeiro" (Ap 14,4).

Restaurando os sentimentos

11

De nada adiantaria ler este livro, se ele não nos levasse a experimentar o toque de Deus em nossa afetividade e sexualidade, não somente a nossa, mas a da pessoa que namoramos. A proposta deste capítulo é esta: levar a uma experiência do Amor de Deus Restaurando os Sentimentos. Ao longo de nossa peregrinação nosso coração vai sendo ferido, machucado e as feridinhas tornam-se "Chagas". Nosso coração está coberto de "lepras sentimentais", e basta um toque para minarem sangue, e a cicatrização não acontece, pois o remédio apropriado não tem sido usado.

Deus quer derramar o remédio em nossas feridas emocionais, transformando-nos, restaurando-nos. As orações seguintes serão oportunas para todos os momentos: Cura de feridas emocionais, Libertação de forças opressoras na sexualidade...

Serão de grande ajuda porque às vezes nem sempre você terá alguém que tenha experiência de oração, com disponibilidade de rezar para você jovem. Então faça você mesmo com estas orientações que darei, mas lembre-se que é apenas o começo, que após isso você possa amadurecer e fazer sua própria oração da forma que achar melhor e na moção do Espírito Santo. Estas orações se tornarão mais eficazes após a Confissão e a Comunhão Eucarística, que serão como fechamento das curas e libertações, que se iniciaram nesses Sacramentos, fontes de Amor e Misericórdia de Deus.

Rezando para as feridas na afetividade
Invoque a presença da Santíssima Trindade †
Louve a Deus pela graça do dom da vida.

Senhor Jesus, eu (nome), por intercessão de Maria Santíssima, apresento-vos todo o meu ser: alma, corpo e espírito. Consagro-me plenamente ao Senhor, sem reservas, confiando-me totalmente a vosso amor.

Senhor, pela graça de vosso Espírito Santo, tocai em todas as áreas do meu coração, principalmente onde há feridas, decepções, mágoas, tristezas, que porventura surgiram de relacionamento de namoro desfeito, mal vivido...

Senhor, eu (nome) quero renunciar a toda e qualquer forma de desamor que possa estar em meu coração, se houver falta de perdão, a vosso exemplo na cruz, quero perdoar a (nome da pessoa), por ter causado sofrimento, tristeza, raiva, ódio e tantas outras coisas nocivas ao meu coração, principalmente surgidas de uma traição.

Senhor Jesus, se humanamente é difícil perdoar, dai-me a graça do perdão que jorra de seu Lado transvasado pela lança, onde a misericórdia se faz presente a todos que dele se achegam, restaurando assim minha afetividade.

"Jesus Cristo, manso e humilde de coração, fazei meu coração semelhante ao vosso", sem pecados, feridas, decepções, mágoas, ódio e tudo que não provém do vosso coração.

Eu (nome) apresento-vos minha mente, consciente, subconsciente, inconsciente e lembranças, para que fiquem cheios de vosso senhorio, serenidade, paz e harmonia, e peço-vos que eu não esteja preso a lembranças dolorosas, a imagens tristes, e se forem lembradas, que sejam encaradas com tranquilidade.

Eu (nome) renuncio a qualquer tipo de juramento que tenha feito no momento de extrema angústia e sofrimento, afirmando que não amaria mais ninguém, impedindo-me assim de ser feliz para amar outra pessoa.

157

Senhor Jesus Cristo, fonte e manancial de Amor, derramai sobre mim sem medida toda a graça do vosso Amor, curando-me as feridas provocadas pelo desamor, suprindo toda carência afetiva e emocional, restaurando as minhas emoções e sentimentos, preenchendo todo o vazio da solidão com vosso infinito Amor. Senhor, que conheceis todas as minhas necessidades, atendei-me! Libertai-me. Curai-me. Salvai-me...

Perdoai-me também se fui causa de sofrimento, decepção, frustração, se por pensamentos e palavras, machuquei e ofendi, quando estava com o coração inflamado de raiva, ódio... Perdão, Senhor Jesus, derramai sobre mim o vosso Sangue, selando todas as áreas, e que pela fé eu creia que vós me curastes e me libertastes. Enchei-me do vosso Espírito Santo, santificando todo o meu ser, tudo o que sou. Consagro-me também ao Imaculado Coração de Maria e de Jesus. Amém.

Oração para a sexualidade

Invoque a presença da Santíssima Trindade †

Peça a intercessão de Maria Santíssima e São José.

Senhor Jesus Cristo, pela vossa infinita misericórdia e compaixão e pela força da vossa cruz, peço humildemente a graça da cura e libertação de tudo que tenha oprimido e ferido a minha sexualidade.

Por intercessão de São José, homem santo e casto, e da Virgem Maria, rogo a vós a libertação de toda e qualquer força opressora que esteja na minha mente e no meu coração, forças como: luxúria, adultério, fornicação e toda espécie de erotismo, que se levantam contra a minha santidade e castidade, levando-me a pecar.

Em nome de Jesus Cristo, proclamo na minha vida a santa ordem de Deus, que todas as áreas que estejam em desordem possam experimentar a brisa mansa e suave da presença de Deus Pai, ordenando-as.

Por intercessão de São José e Maria eu renuncio a toda fixação na mente relacionada com cenas sensuais, eróticas e fantasias sexuais pornográficas de filmes assistidos e que ficaram gravados na minha mente.

Eu (nome) renuncio a toda forma de contato com materiais de conteúdo sexual: revistas, filmes... que distorcem o ato sexual e denigrem a imagem e semelhança de Deus que somos.

Em nome de Jesus, proclamo a libertação de toda compulsão à masturbação, que eu possa ter, e clamo o dom da castidade, colocando assim ordem na minha sexualidade, tornando-me livre e não mais escravo dos meus desejos.

Em nome de Jesus Cristo, peço a Deus Pai que os meus desejos e paixões fiquem sob a submissão do Espírito Santo e que o mesmo possa sublimá-los para o bem.

Senhor Jesus, por intercessão de São José e Maria, peço que me perdoeis por todas as vezes que, livremente, me entreguei à prostituição, ao adultério, à masturbação, à fornicação..., ferindo minha sexualidade, esquecendo-me de que sou "Templo Santo de Deus", "Sacrário Vivo", manchando assim com o pecado aquilo que represento e sou: Imagem e semelhança vossa.

Peço também que me perdoeis, pelas inúmeras vezes que usei a pessoa do irmão(a) como objeto sexual e descartável, para saciar meus apetites sexuais, não me importando com a pessoa e muito menos com seus sentimentos.

Jesus Cristo, com a espada do Espírito Santo, peço que seja cortada toda herança hereditária negativa que eu possa ter de minha família, no que diz respeito à sexualidade, tais como: prostituição, adultério, aborto, promiscuidade, desvios sexuais,... que não condizem com uma sexualidade sadia e santa.

Senhor, pela Graça batismal, curai em meu coração todo e qualquer trauma que eu possa ter tido quando criança, em jogos sexuais, que tenham deixado marcas, e trouxeram sinais de homossexualismo e lesbianismo, que tenham comprometido minha sexualidade.

Curai Senhor, os traumas e as lembranças, se porventura houve abuso e violação em minha sexualidade quando criança, por uma pessoa do mesmo sexo ou não, ofendendo assim minha pessoa. Peço também a graça de poder perdoar essa pessoa por ter-me molestado, acredito que ela não tinha plena consciência do pecado e desrespeito que causou contra mim. Tirai, Senhor, caso exista em meu coração, todo ódio e sentimento de vingança em relação a essa pessoa, rogo a vós que me liberteis de toda autocondenação que tenha surgido após essa experiência ruim, de achar que a culpa foi minha. Curai também todas as sequelas que ficaram em minha sexualidade (masculina/feminina), que refletem na relação de namoro, fazendo-me inseguro(a) naquilo que sou: homem/mulher. Restaurai, Senhor, minha masculinidade/feminilidade ferida.

Curai e libertai também, Senhor, meu coração magoado por todas as vezes que colocaram minha sexualidade à prova, duvidando da minha masculinidade/feminilidade com apelidos como: maricas, bicha, sapatão. Tudo isso feito por pessoas como: colegas do colégio, pai, mãe, tios, irmãos..., que deixaram marcas na minha vida.

Neste instante eu (nome) quero consagrar todas as intenções que brotam do meu coração, que elas não sejam mais motivos de queda, e que passem a ser assistidas pelo "Doce hóspede da alma", o Espírito Santo.

Jesus, salvai-me, curai-me, libertai-me, no poder de vosso sangue!

Por intercessão da Virgem Maria e de São José, vinde Espírito Santo de Deus, selai todas as áreas vulneráveis do meu ser, preenchei com seu Amor, embriagai, derramai sobre mim vossos dons e os frutos da Castidade e a Santidade como ideal, infundi em mim o desejo de ser a cada dia imagem de Deus, lembrai-me de olhar continuamente os exemplos de Maria e José. Amém!

Essas orações podem ser feitas todas as vezes que se achar necessário, e seus efeitos serão a olhos vistos, pois Deus tem nos amado! E se temos sede dele, Ele muito mais tem sede de nós. Sede de nos curar, libertar, salvar, amar...

E para fechar este capítulo Deus inspirou-me a levar os casais de namorados a rezarem juntos, e de preferência, aos pés de Jesus Eucarístico.

Oração dos Namorados
(Inspirada na Oração de São Francisco de Assis)

Senhor, fazei-nos instrumentos da vossa Paz. Onde houver ódio, que em nós flua e transborde o amor. Onde houver ofensa, que o perdão seja muito maior, e não tenhamos vergonha de oferecê-lo.

Onde houver discórdia, briga, divisão... e o clima estiver insuportável no namoro, troquemos pela união.

Onde houver dúvida, ciúme, desconfiança, que possamos apoiar-nos na fé.

Onde houver erro, mentira de ambas as partes, que a verdade possa triunfar.

Onde houver desespero diante dos problemas do namoro, que a esperança nasça em nossos corações.

Onde houver tristeza nos momentos difíceis, a alegria possa brotar em nossos lábios como resposta.

Onde houver confusão de sentimentos, que sua santa ordem possa dar clareza.

Onde houver trevas em nossa relação seja onde for, na sexualidade, afetividade e espiritualidade, a vossa luz possa invadir, dissipando todas as sombras que se encontram instaladas em nossos corações.

161

Ó Mestre, fazei que procuremos mais, consolar nas afrontas, nas dificuldades, nas decepções, nas tristezas... do que ser consolado. Compreender quando o mundo e as pessoas não compreendem, ignoram, do que ser compreendido. Amar todas as vezes que se fizer necessário, sem cobrança, sem buscar nossos próprios interesses, do que ser amado. Pois é dando atenção, carinho, consolo, compreensão, amor, que se recebe, é perdoando os erros, as ofensas, que se é perdoado, e é morrendo o homem velho e a mulher velha do pecado, nascendo novos em vós, Senhor, que se vive um namoro santo e casto, e se for de vossa vontade um casamento eterno... Amém!

Essa é uma das muitas orações que podem ser feitas diante do Sacrário, um rezando pelo outro, um apresentando o outro a Deus, um pedindo pelas necessidades e fraquezas que possam ter, agradecendo a Deus ter colocado um na vida do outro, para que pudessem se conhecer, crescer e amadurecer, numa comunhão de petições, súplicas, louvor e adoração. Sabemos que as pessoas não surgem em nossa vida por acaso, ou elas ficam, ou passam e vão embora, deixando um pouco delas conosco e levando um pouco de nós com elas, e de preferência que elas levem o que há de melhor em nós.

Considerações finais

Como pudemos entender a proposta é esta: arrumar a bagunça em que se encontra o namoro. Sabemos que não será muito fácil, mas nada que seja impossível de resolver; uma certeza teremos: irá mexer com muita coisa guardada em nosso coração, coisas que haviam sido esquecidas e enterradas, pois causavam tristeza e dor. Coisas que fizemos questão de não mais lembrar, dúvidas, constrangimentos, pecado... Agora temos consciência que muitos valores e conceitos e toda a ideologia pregada no mundo nos distanciam de nosso real chamado à santidade, que é essência de Deus.

"Eu vos exorto, pois, irmãos, pela misericórdia de Deus, a oferecerdes vossos corpos em sacrifício vivo, santo, agradável a Deus: é este o vosso culto espiritual. Não vos conformeis com este mundo, mas transformai-vos pela renovação do vosso espírito, para que possais discernir qual a vontade de Deus, o que é bom, o que lhe agrada e o que é perfeito" (Rm 12,1-2).

O grande apelo de Deus e deste livro é este: *"Não vos conformeis com este mundo, mas transformai-vos ..."*, transforme seu namoro e todas as áreas que fazem parte dele, derrubando todas as muralhas de Jericó que foram sendo construídas e posteriormente excluindo Deus da Área Espiritual de seu namoro, arrancando todas as ervas daninhas de erotismo, prostituição, adultério, luxúria, que são frutos do pecado, condenando-os à Castidade e Santidade. E, emocionalmente, como o ouro e a prata, sendo passados pelo fogo para provar pureza, passar essa área pelas provas do tempo, sabendo distinguir entre Paixão e Amor, rompendo com toda divisão, brigas, ciúmes ... e por fim testemunhando diante dos irmãos, pais, amigos, a graça de ter desafiado os moldes deste mundo, de namoros que têm o descartável e o desrespeito como marcas registradas, assumindo um namoro cristão *radicalmente*, ou seja, na raiz, pois o próprio Jesus é Radical.

Valerá a pena passar tantas privações? Sim!

"Todos os atletas se impõem a si muitas privações; e o fazem para alcançarem uma coroa corruptível. Nós o fazemos por uma coroa incorruptível" (1Cor 9,25).

"Porque não miramos as coisas que se vêem, mas sim, as que não se vêem. Pois, as coisas que se vêem são temporais e as que não se vêem são eternas" (2Cor 4,18).

Todas essas coisas que foram faladas destinam-se aos jovens que não querem mais brincar de namorar ou passar o tempo "ficando", que se cansaram de ser descartáveis e manipulados por uma sociedade sexista. Mas buscam aquilo que é eterno, pois o temporário já não mais satisfaz e tampouco preenche, preparam-se para um casamento que não comece hoje e termine amanhã por falta de amor, mas que seja no mínimo eterno, que dure para sempre.

Para alguém ser canonizado (declarado Santo) é preciso que se certifique que tenha realizado no mínimo três milagres, e nós conhecemos muitos santos que, em momentos específicos, Deus suscitou em nossa Igreja Católica com inúmeros milagres, e não são pequenos milagres, são *grandes*! Apresentados ao mundo.

Jovens, nos dias de hoje, Deus tem levantado não só um ou alguns santos dentro de sua Igreja, mas milhares de "Jovens Santos", e sabe quais os milagres que iremos apresentar para o mundo e até mesmo para Deus?

Todo o esforço de dizer "não" ao sexo desregrado, às tentações, todo o sacrifício de namorar santamente, todas as privações, toda a resistência aos desejos que gritam em nós para tentar nos escravizar, todo o cuidado e respeito com o corpo do próximo, pois ele é templo onde habita Deus... Esses são os milagres que serão apresentados ao mundo e a Deus, e que nos irão canonizar. Comece agora a arrumar a bagunça que resta do seu namoro ainda. Talvez não tenha sobrado quase nada, mas esse nada pode vir um dia a tornar-se Vida.

Bibliografia

AMORESE, Rubem Martins, *Sexo e Felicidade*. Editora Pelicano, Brasília, 1995.

BARROSO, C. E BRUSCHINI, C., orgs., *Sexo e Juventude: Um programa educacional*. São Paulo, Brasiliense, 1983.

BEGIN, Yves, *A Dinâmica da Intimidade*. Yves Begin; Tradução de Philippe e Luciana Vannier. Título original: *La dynamique de L'intimité*. Nouvelle cité, Paris, 1990. – Aparecida, SP, Editora Santuário, 1994 (Coleção Vida, 8).

Bíblia Sagrada - Ave Maria, 82ª Edição, 1992.

Catecismo da Igreja Católica, 6ª Edição. Editora Vozes, Edições Paulinas, Edições Loyola, Editora Ave Maria, 1993.

COLLINS, Gary R., *Aconselhamento Cristão*. Gary R. Collins; Tradução de Neyd Siqueira. Titulo original: *Christian Counseling - A Comprehensive Guide*, São Paulo: Vida Nova, 1995.

Dicionário Aurélio Básico da Língua Portuguesa, 1ª Edição, Editora: Nova Fronteira, Rio de Janeiro-RJ, 1988.

GARCIA, Renata Ghirotti, *Jovens em busca de Deus*. Editora Raboni, 1995.

LANE, S. T. M E CODO, Wanderley, orgs. *Psicologia Social: O homem em movimento*. Ed. Brasiliense, 1984.

MONTEOLIVA, S. J. José Maria, *A Maturidade Humana*. Edições Loyola, 5ª ed. 1981.

MOHANA, João. *Namoro é Isto* (Coleção Educação para o Amor), 3ª ed. Edições Loyola, São Paulo, 1994.

PEDRINI, S. C. J, Pe Alírio J., *Jovens em Renovação (Espiritualidade, Afetividade, Sexualidade)*. Edições Loyola, São Paulo, Brasil, 1993.

PEDRINI, S. C. J., Pe Alírio J., *Meus pais, meu problema*. Edições Loyola, São Paulo, Brasil, 1978, 6ª ed., 1994.

Pe. Léo, S. C. J., *Cura Interior*. Edições Loyola, São Paulo, Brasil, 1994.

Short, Ray E., *Sexo, Amor ou Paixão, Como Saber?* Título original: *Sex, Love, or infatuation: How Can I Really Know?* - Copiright, 1978, por Augsburg Publishing House, Mineapolis E.U.A, Tradução: Neyd Siqueira - Publicado no Brasil por: Associação Religiosa Editora Mundo Cristão, São Paulo/SP, 2ª Edição Brasileira, set. 1988.

Telles Filho, Sidney Oliveira, *Namoro, Exercício para Amar*. Sidney Oliveira Telles Filho, Série: Coleção Secretarias, São José dos Campos: Edições COMDEUS, 1998.

Valverde, Martim, *O Silêncio do Músico. Da coleção: Filhos antes que Músicos, Guadalajara, Jal. México, Producciones Dynamis, Publicado no Brasil por: Missão Mensagem Brasil, Cruzeiro-SP.*

50 Questões sobre o Amor e a Vida, Edição especial revista Shalom, Maná, namoro, noivado, casamento e sexo, Editora Sepal, Pe. Jaime Kemp.